橋本卓典

JN230551

金融排除

地銀・信金信組が口を閉ざす不都合な真実

GS
幻冬舎新書
486

図版・DTP　美創

序章 「食い違い」から始まる排除

話がかみ合わないという場面がある。

「どうしてあなたはできないのか」

「できるわけないじゃないですか」

と、いろいろなシチュエーションで、我々はこうした衝突に遭遇する。

ただ、振り返って考えてみると、事の発端は、たわいもないボタンの掛け違いだったりすることが、ままある。

地方銀行、信用金庫、信用組合を含む金融業界では、「オーバーバンキング」という言葉がしばしば使われる。「借りたいという資金需要に対し、資金を供給する側の銀行、信金信組の数が多すぎるから、過剰な低金利競争を招いている」と説明される。

地銀や信金信組の再編・経営統合が論じられる時も、話を辿《たど》っていくと、大抵は「オーバーバンキングだから」という話で片付けられる。

そんなものか、と、なんとなくの空気感で報道も進んでいく。恐らく金融庁も同じ感覚だろう。日々忙しく、問題の本質を突き詰めている暇などないのだ。筆者もかつては、こうした空気感で自らを納得させる、そんな記者の一人であった。銀行、信金信組の経営者、職員も同じ「なんとなく」という気持ちなのではないだろうか。

そして今や、地方経済の問題は、オーバーバンキング問題に集約されるがごとく論じられている。オーバーバンキング問題さえ片付けば、地銀が過当競争から脱することができ、地元企業の成長に貢献できる理想的な銀行になれる、という具合に語られる。

しかし、果たして本当にそのような単純な話なのだろうか。

本章で述べるが、米国やドイツに比べ、人口対比、国内総生産（GDP）対比では、日本の方が金融機関の数が圧倒的に少ない――。この現実を読者はどう思うだろうか。

確かに米国では、事業者が一つの金融機関とだけ取引する「一行取引」が主流である。また、銀行や信金信組の成り立ちという歴史的な差もある。現実問題として海外でも再編は進んでいる。それでも圧倒的に日本よりも数が多い。むしろ日本の数が少なすぎる。いずれにしても現在の日本の金融機関の数だけで、「オーバーバンキング」を証明することは説得力に欠ける。

「いや、そんなことはない。やはりオーバーバンキングだ」という意見もある。ぜひ聞いてみたい。では一体、最適な地域金融機関の数は、各地域にいくつなのだろうか。独占・寡占の問題を考えなければ、各県一つが最適なのか。いや、九州全体で一つ、中国地方全体で一つでは少ないのか、いや、それでも多いのか。その根拠は？

全国地方銀行協会（地銀協）によれば、2017年3月末で地方銀行64行は預金量254兆9441億円とある。メガバンクに対抗するならば、再編の果てに残る銀行は西と東の横綱地銀、2行くらいでちょうど良さそうだ。

しかし、それは、もはや地銀とは誰も呼ばないだろう。海外事業を持たない地銀がメガバンクに対し、正面から張り合っても勝てる見込みはない。いや、そもそも再編の最終形態であるメガバンク自体が、国内の店舗、人員の大幅削減に乗り出さないと、利益を捻出できない状況に陥っている。メガバンクが「キヨスク」型の店舗への転換を迫られているのだ。規模が必ずしも答えではなかった現実を何より物語っている。

数字の世界では、あれこれ妄想するのもいい。しかし、地域の津々浦々の人々の営みと結びついている地銀、信金信組の最適数について、ずばりと答えられる者などいないのだ。

筆者の問いかけに対して金融機関からは、「最適数は市場が決めることだ。しかし今は、何と言おうとオーバーバンキングだ」という答えしか返ってこないだろう。

なるほど。筆者は金融機関の気持ちが理解できないわけではない。そう、オーバーバンキング、飽和状態だと感じてしまうことは紛れもない事実なのだ。
では、なぜ金融機関はオーバーバンキングと感じるのだろう。そこが問題の本質だ。

話は振り出しに戻るが、それは金融機関が「顧客の資金需要が足りない」と感じているからだ。重要なのは、「感じている」という点だ。

しかし、ここで金融機関の関係者と、それ以外の読者の見解が大きく分かれる。一般事業者からは「なんとか売り上げを伸ばせないものだろうか。そうしたら資金需要は生まれるのだが」という多くの声が筆者に寄せられる。一般事業者にとって資金需要は「存在しない」のではなくて、「意欲はあるのだけど、自分の力だけではいまひとつ、あと一歩のところで広げられない」という悩ましく、切実な問題なのだ。

金融庁に目を向けてみる。金融庁には「必要な先に資金がまわっていない。まだできるはずだ」と、政界などから声が寄せられる。これに対し、銀行からは「これ以上はできません」と抗弁され、板挟みになっていると、金融庁高官は明かす。

一方、日銀は大規模金融緩和で、銀行、信金から国債などを買い取って、お金を渡し、世の中にお金を行き渡らせようとしている。デフレ脱却のためだ。

さらに2016年1月には、日銀の当座預金に預ければ、金利を稼げるどころか、支払わなければならなくなるマイナス金利の導入まで決定した。銀行界からは反発の声が上がったが、黒田東彦《くろだはるひこ》総裁は一時期、マイナス金利を深掘りすることさえ辞さない強硬姿勢を見せた。「銀行は日銀に預けるのではなく、貸し出しを伸ばすことができる」というメッセージだ。銀行はさらに反発した。「できないものはできない」と。

世間は「まだ銀行は貸すことができるはずだ」と言う。銀行は「もうできません」と言う。できるのか、できないのか。冒頭で述べた「食い違い」があるのだ。

なぜ、こうしたギャップが生じるのか。これこそが本書を書かねばならないと筆者を突き動かした動機であり、テーマの核心だ。それは、そもそも「お客さん」の定義が異なっているからではないだろうか。「社会一般通念上のお客さん」と「銀行のお客さん」には、根本的な「かい離」があるのだ。だから話がかみ合わず、ギャップが生じるのだ。

資金需要は「銀行のお客さん」にないのであって、「一般通念上のお客さん」にもない、とは必ずしも言えないのだ。

森信親《もりのぶちか》長官率いる金融庁は、銀行や信金信組が担保・保証に依存した取引に偏った結果、融資後の資金の出入状況をモニターしていく「途上与信（貸し出し）管理」さえもしなくなってしまい、必要以上に顧客との取引をしなくなったのではないかという問題意識を持った。この状況を「**日本型金融排除**」と定義し、２０１６事務年度金融行政方針に盛り込んだ。金融機関が顧客を必要以上に排除しすぎたために、金融仲介機能が正常に発揮されていないという見解だ。

単に金融排除自体が悪だ、と言いたいのではない。地方の中小零細企業に寄り添い、本業支援を通じて、伴走しながら地道に成長を促していくことは、何よりも収益と株価を求められる営利企業を志向する銀行にとっては「合理的な排除」に当たるのかもしれない。

しかし、地域こそが存立基盤である地銀、信金信組は違う。人口減少、少子高齢化が深刻化する地域においては、金融排除の問題を放置することは、重大な経営問題にとどまらず、地域社会の持続可能性に直結する問題だ。

また、地域、地域金融と一口に言っても、事情が複雑だ。一般的に中堅企業は地銀、小規模・零細事業者、個人事業主は第二地方銀行や信金信組が主な取引先だとしたら、地域の中にも「合理的な排除」と、取引をするという「合理的な包摂《ほうせつ》」があるはずだ。

問題は、地域経済と金融機関自らの持続可能性を見通した戦略があるのかということではないだろうか。結果として、「地域金融エコシステム」が構築できているのかどうかだ。

同じ地域の金融機関が、同じビジネスモデルで、同じ顧客を同じような低金利融資の提案で奪い合うだけだとしたら、そこには戦略はない。本来排除されるべきでない先は排除されたままとなり、地域経済はその力を失う一方だ。

多くの金融機関が顧客を見捨てる金融排除を極大化し、事業に寄り添い、成長を後押ししながら取引をする金融包摂を狭くしてきた。その結果、利ざやさえ確保できないという袋小路に入り込み、ついには自らの経営自体が成り立たなくなってしまっている。金融排除という悪循環の歯車を止め、持続可能な循環に回転方向を変えることはできないだろうか。

本書は、排除を考える本だ。排除を生み出すメカニズムは一体どういうもので、なぜ拡大するのか。歴史的な経緯は。事業者から見た排除の風景はどう映るのか。本書で紹介する金融機関は、それぞれのやり方で排除と向き合い、包摂しようと奮闘している。

また、金融機関でも事業者でもない第三者が排除を克服しようと奮闘している発見もあった。あらゆる角度から光を当てることで、排除の全体像を浮かび上がらせようというのが本書の試みだ。人口減少で余裕がなくなっている地域の持続可能性を目指すのであれば、排除の克服は避けて通れないからだ。

さらに、本書では事業者のみならず、個人向けサービスも含めて排除の問題を考えたい。事業と個人が一体で切り分けができない零細事業者はもちろん、シングルマザーなども地域社会の欠かすことのできない構成員だからだ。

筆者は広島赴任時代、広島市東区の牛田小学校でPTAの役員を務め、講演させていただく機会があった。テーマは「学校は誰のものか」だった。

筆者は、これまでの経済取材に基づいて「会社は株主、取引先、従業員などあらゆる利害関係者（ステークホルダー）のためのものであるとされるが、一義的には全部違うと思います。最も優先されるべきは、将来の利害関係者です。すなわち将来の株主、将来の取引先、将来の従業員に恥ずかしくない会社として受け渡せるのかということです。学校もまったく同じではありませんか。今の児童、保護者、教職員のためだけのものではないはずです。将来の児童、保護者、教職員、地域の利害関係者のために恥ずかしくない学校にする責任は、今を生きる我々にあるはずです。そう考えると『今、学校が自分に何をしてくれるのか』ではなく、『将来の学校のために自分に何ができるか』を考え、行動すること。それが持続可能性ではないでしょうか」という趣旨で話をした。

銀行、信金信組についてもまったく同じはずだ。目の前の排除を見て見ぬふりをし続けて、将来の取引先、将来の職員、将来の株主（出資者、組合員）、そして何よりも将来の地域の人々に対して恥ずかしくない経営をしていると胸を張れるだろうか。どうしたら地域に貢献しながら、自らも持続可能な経営ができるのか。金融機関がこれまで「当たり前」としてきた金融排除のビジネスモデルは、本当にこれからも「当たり前」として続くのだろうか。

ゲームのルールを変える時が来ている。明日の地域経済を担う銀行、信金信組とはどうあるべきなのか。地域の事業者は金融機関とどう向き合うべきなのか。読者と一緒に考える旅に出たい。

第一章 事業者から見た排除の風景

3つの事業者の物語から始める。事業者が絶望の淵《ふち》に立たされる時、そこには必ず金融排除がある。そして、そこから這《は》い上がり、再起を図ろうとする時、必ず寄り添う金融機関による包摂がある。

第一章は、事業者から見える金融排除・金融包摂の風景を書く。金融排除を知る第一歩だ。

「奇跡のリンゴ」、もう一つの物語

「実はね。私はよ、銀行マンになって中小事業者のお役に立ちたかったんだよ。今の多くの銀行はよ、権利だけ主張して、地域に対する義務を果たさなくなったよね。事業者を育てるためなら、厳しいことを言ったっていいんだよ。甘えじゃないよ。農業も同じだよ」

その男は、青森・弘前の大衆レストランで、「やっぱ、細麺はいいよね」と、歯のない口でニコニコしながらラーメンをすすり、若かりし頃の思い出を話し始めた。

実は銀行員になりたかったというこの男は、肥料、農薬（酢以外）、除草剤を使用しない自然栽培による「奇跡のリンゴ」の生産に成功して、多くの人々に驚きと感動を与えた木村秋則《きむらあきのり》だ。

筆者は、日本の農業を変えたのではないかと思われる木村が銀行員のあるべき姿、銀行論について、確固たる信念を持って語るのを不思議な気持ちで聞いていた。

農業を深く考える木村は、銀行をも深く理解している。死線の際まで追い込まれた金融排除と、生涯忘れることができない銀行員による金融包摂を味わってきたからだ。

2017年6月5日、筆者は季節外れの寒さの弘前・岩木町を訪れた。空港からレンタカーで約1時間。木村が取材の場所に指定したのは、みちのく銀行（青森市）の岩木支店だった。

「あはは。ハシモトさん？　ありがとね。よく来たね。田んぼからそのまんま来たんだよ。どうぞ。どうぞ」

と、木村はニコニコしながら泥で汚れた長靴と作業着姿で現れ、勝手知った様子でトコトコと先に支店に入っていった。そんな姿で大丈夫なのか、という筆者の心配をよそに、銀行員たちは「あ、木村さん。いらっしゃいませ」と、立ち上がり、こちらも当意即妙な様子で部屋に案内した。なんとも牧歌的な、そして日常的な光景がそこにはあった。

銀行のはからいで、応接室での取材が始まった。木村がある書店で偶然出会った自然農法を実践する福岡正信《ふくおかまさのぶ》の本をきっかけに、リンゴの自然栽培に魅了され、はね返されて、文字通り自殺の一歩手前まで追い詰められながらも肥料・農薬・除草剤を使わないリンゴ栽培に辿り着いた壮絶な半生は、名著『奇跡のリンゴ』（幻冬舎）を参照されたい。本書は、木村の排除と包摂という金融の窓から見た、もう一つの物語だ。

木村の銀行とのかかわりは、１９８０年代からだ。トラクターの購入費用７５０万円を、みちのく銀行岩木出張所（現岩木支店）に借り入れてからだ。

「確かよ。クラウンが１００万円の時代だったよね。リンゴは経費倒れすると思ってさ、トウモロコシをやるために買ったんだ」

と、農家にとっては一大決心だったという。

その後、木村は、運命的に福岡の本と出会い、誰もが無理だと思ったリンゴの自然栽培に挑戦した。

我々が食べているリンゴは、自然界には元々存在しない。人の手で改良を重ねてできた果物だそうだ。だからこそ農薬、肥料、除草剤を使うことは当たり前とされ、自然栽培は不可能だと思われてきた。木村も例外ではない。何度となく害虫の大発生、病気の蔓延《まんえん》で全滅に近い被害を受けながら挑戦を続けた。

生きていくため、背に腹は代えられない。木村はトラクターを50万円で売却し、リンゴづくりに明け暮れるが、運転資金は底を突く。それでもリンゴの自然栽培のために200万円の借り入れを申し込んだのだ。さすがに事業資金となると、出張所では対応できない。みちのく銀行弘前営業部に直接申し込むように言われ、木村は弘前営業部を訪れ、融資を申し込んだ。

順番待ちの末、ようやく木村の番となった。木村は担当者に自分がやっていることを必死に、そして正直に訴えた。文字通り後がなかったからだ。

実は、木村は別の銀行にも融資を申し込んでいた。

「話になりませんね。当行はそういうことには一切出しません」

その銀行では、「その汚れた長靴で敷居をまたぐな」と言わんばかりに、あっけないほどの門前払いをされた。木村の心は打ちのめされていた。金融排除そのものだった。

「私が代わろう」

収入ゼロ。失敗を重ねるリンゴの自然栽培には何の見通しもない。さすがのみちのく銀行弘前営業部の窓口担当者ですら、表情を険しくした。無理もない。

すると、担当者の後ろで10分程度、じっと木村の話に耳を傾けていた柳谷誠《やなぎやまこと》係長（当時）が、何かに背中を押されたように突然、話に割って入った。

「私が代わろう」

そう声を掛け、担当者に代わって正面に座った柳谷は、木村の目をじっと見て言った。

「頑張ってください。奥さんの印鑑証明があれば、私がなんとかします」

柳谷はその後、異動で弘前営業部を離れながらも、足かけ9年近く、木村を担当し、支え続けた。この瞬間、この出逢いが2人の運命を変えた。

ある時、返済に苦しむ木村が借り入れの相談にやってきた。そんな木村に対して、

「いや、無理をしてでもいったん完済した形にして、新規で借りることにしましょう」

と、敢《あ》えて厳しいアドバイスをしたこともあった。

柳谷は、いつまでも自分が弘前営業部で木村の担当を続けることができないことを分かっていた。そのために今、新規で借り入れる方が、大蔵省（当時）の検査で不良債権として認定されず、それが木村にとって後々、必ず支えとなるとの確信があったからだ。


後に、借り入れを返済した際、木村は既に異動していた柳谷のもとを訪れ、かつての感謝を述べて、長らく疑問に思っていたことを尋ねた。リンゴの自然栽培で失敗ばかりを重ねている自分に、あの時なぜ「私が代わろう」と、身を乗り出して言ってくれたのか、と。

「木村さん、あなたの熱意に負けたんですよ。この人は本当にやるかもしれない。ものにするかもしれない。そう思っただけです」

柳谷は、筆者の取材にも同じように答えた。

「銀行の規則には違反していません。そのギリギリのところで木村さんのためになるよう、敢えて言えば木村さんの立場になって、最適なアドバイスをし続けました」

それでも柳谷は行内でリスクを背負い、体を張ったのかもしれない。別の銀行からは冷たく追い返され、親族からも排除された木村という男の「包摂」を、たった一人の銀行員が始めたのだ。柳谷がいなければ今の木村は間違いなく存在していなかった。

志だけでは生きられない。捨てる金融があったとしても、救う金融があれば、人は何度でも立ち上がれる。木村にとっては、それがみちのく銀行であり、柳谷だった。

木村は相変わらずリンゴ栽培で果てしない苦闘を続けていたが、新聞には「変わったリンゴ栽培に挑戦する人」との記事も出始めていた。

その後、柳谷は人事異動で弘前営業部を去った。しかし、木村の戦いは続いていた。200万円程度の借り入れを断続的に続けていた。

ある時、融資の申し込みのために待合室で木村がポツンと座っていると、一人のスーツ姿の男が背後から現れた。

「今日はどのようなご用件でいらっしゃいましたか？　申し訳ありません。もう少しなので、お待ちください」

と、偉ぶる様子もなく、腰低く、温かい言葉を掛けてきた。後に木村と親交を深め、良き理解者となり、応援団となってきた杉本康雄《すぎもとやすお》常務（現会長）だった。「奇跡のリンゴ」が世の中に大きく取り上げられることになる遥《はる》かに前の出来事だ。人気にあやかろうと木村に近づいたのではない。

筆者は杉本にも、この事実関係を取材した。杉本は笑って答えた。

「いやあ、覚えていません。ご来店いただいたお客様にはできるだけ声をお掛けしていますので、その中に木村さんがいらっしゃったのかもしれません。別に特別なことではありません」

「農業も銀行もおんなじだよ」

木村と言えば、「奇跡のリンゴ」が代名詞だ。確かにリンゴ農家でありながら、自然栽培で失敗ばかりを重ねる木村に銀行が融資するとなれば、慎重な判断が求められただろう。しかし、前述の通り、リンゴの自然栽培が極端に難しいのであって、木村の農業自体に事業性がないわけでは決してないのだ。

木村は元々、農薬のない自然界で生産されてきた米、野菜、果物などでは既に自然栽培に成功していた。江戸時代以前に農薬はない。品種改良を重ね、自然界には存在しないリンゴだけが、さすがの木村でも一筋縄ではいかなかったということなのだ。人はその木村の挑戦に人間賛歌を見いだし、感動に震えたのだ。つまり、リンゴづくりで失敗を繰り返す木村ではあったが、自然栽培の技法、経験は一流の腕を持っていたことになる。

事業性は十分すぎるくらいに木村にはあったはずだ。話も聞かず、挑戦を支援するでもなく、融資を臆面もなく断った銀行は、木村の何を見たのか。

農薬に頼らず、ひたすらに農作物の生態を考え抜いた木村の言葉には、なぜか真理の響きがある。筆者が鳥肌を覚えた木村の言葉だ。

「農薬ってのはよ、銀行にとっての担保や保証だよね。なぜかと言えばよ、農家は農薬があれば、農作物のこと、土のことを深く考えなくなるからだよ。担保や保証に頼りすぎるから、銀行は事業者のことが分からなくなるんだよ。そして農薬が農作物、農家、そして農業そのものを弱くするのさ。担保や保証が、事業者、銀行、そして金融を弱くするんだよ。農業も銀行もおんなじだよ」

農薬への過信が、農業を弱くする。担保・保証への過信が、金融をダメにするのだ。

「必ず答えはある」

みちのく銀行の柳谷が松原支店長を務めていた頃、「奇跡のリンゴ」で一躍有名になった木村は、みちのく銀行に呼ばれて講演することになった。

自然栽培についての講演内容だったが、木村は冒頭、

「みちのく銀行さんには大変、お世話になりました」

と、今までの感謝を込めて頭を下げた。講師のはずの木村が今、目の前で深々と頭を下げている。講演を傍聴していた柳谷は、胸に熱い何かがこみ上げてくるのを感じた。

木村の「奇跡リンゴ」をたった一人で、陰で支え続けてきた。なんとも稀有《けう》で幸せな銀行員人生に区切りをつけた柳谷は、銀行を退職し、現在は弘前中央病院の事務長を務めている。

16年10月、弘前中央病院に木村が入院してきた。早期の胃がん手術のためだ。手術は成功した。柳谷は木村の入院を偶然知り、驚いてその病室を訪ねた。

「久しぶり。元気にしているの？」

2人の親交は、時を超え、金融を超えて、今も続いている。

2017年9月16日、奇跡のリンゴの収穫に立ち会うことを許された筆者は、再び弘前の木村を訪ねた。今や奇跡のリンゴは、非常に貴重で、東京では一部のレストランなどでしか口にすることができない逸品となっている。

弘前城より西方に10キロほど、岩木山の麓にある高照神社の近くの畑で、ひっくり返した木箱に腰を下ろし、煙草の煙をくゆらせながら木村は話し始めた。

「この畑でよ、最初にリンゴづくりに挑戦したんだ。もうダメだと思ってよ。首をくろうと、その脇にある道を3時間ほど歩いて岩木山に入っていったんだよな。川があってさ。長靴ですっ転んだよ。死ぬために山に入ったんだけど、転んで死にたくはないなって。あはは。熊の独特の匂いも凄《すご》かった。近くで見ていたんだろうな。それで月明かりに照らされたドングリの木を見つけて、そうだ！　土だ、と思ったの。持ち帰った土の匂いは、なんとも言えない山のツーンとする匂いがしたよ。何年も雑草が生えて、枯れて、それを繰り返してふかふかの腐葉土をつくったんだ。60センチくらいの茎の長さのタンポポが生えていた。60センチだよ。帰ってきて、家内に『根拠はないけど同じ長さのタンポポができたら、リンゴもできる気がする』と言ったよ」

9月上旬に収穫を終える品種「津軽」の木は、収穫直前まで、雑草は腰の丈ほどに生い茂ったままだったという。9月末からは「光月」「紅玉《こうぎょく》」と品種ごとに収穫が進んでいく。

「カモシカが来てさ。この雑草だらけの畑をぐるりと歩きまわって、何もせずに帰っていったんだ。雑草だらけだから、いつも荒らしている人間の畑と様子が違うぞって、きっと思ったんだよ。おかしいよな」

筆者は脚立に上り、木村に教えられた通りにリンゴをつかんで上に引き上げるように引っ張ると、「ブチッ」と、果柄《かへい》が音を立ててちぎれた。葉には虫がかじったような跡があるが、不思議とリンゴは広げた枝一杯に赤い元気な実を付けていた。

水で洗っても、リンゴを見栄え良くするために光らせたような油分は、当然浮かない。シャキッとした歯応えと、ギュッと濃縮されたような甘みが鼻に抜けた。

「ゲーテも言ったそうだよ『雑草を育てなさい、大豆を植えなさい、麦を植えなさい』とさ。私のやってることと同じなんだよな。誰でもできるんだよ。リンゴをつくるだけじゃなくて、私はよ、川の水を変えたいんだよ。無農薬、無肥料、無除草剤の自然栽培で良い土をつくれば、土壌から雨水が流れ込む川の水も変わる。川から注いでいく海の水も変われば、異常な低気圧も変わり、農業にも良いはずと思うんだ。自分だけ良けりゃいい、じゃあダメだよね」

木村のがん治療の経過は良好だが、さすがに年齢とともに体力の衰えを感じ始めている。木村は年々、持続可能性への関心を強めている。次に紹介する「IKEUCHI ORGANIC《イケウチオーガニック》」(池内計司《いけうちけいし》代表)の取り組みに木村が賛同していることを筆者は、まさにこの収穫の日、木箱に座っての取材で知った。既に本書の構想を固め、両者の取材・執筆も進めていたところで、驚かされた。池内も木村の活動に共鳴していたからだ。金融排除と持続可能性というテーマで、これ以上ない人物たちを取り上げる設計図を確かに書いてはいたが、とても不思議な引力を感じた。

隣の畑では、弘前大学が研究室を飛び出して木村の自然栽培を実践し、見事にリンゴを実らせたという。木村は農業の活性化を本気で考えているだけで、誰も敵視したり、排除しない。JAとも農業振興のために連携している。JAも木村の農法を学んでいる。

　著名人の取材でもサインをねだることはしない筆者だが、この取材では、信じ難いまでに壮絶な挑戦と人生をつづった『奇跡のリンゴ』（幻冬舎）を持参し、木村にサインを求めた。

　木村は迷うことなくメッセージを添えて書き上げた。

「必ず答えはある」

　木村にとって銀行員は今でも、中小企業を救う憧れの仕事だ。木村がなれなかった銀行員という職に就く者は、金融排除を克服する挑戦と中小事業者に寄り添う銀行の本当の仕事ができているのだろうか。木村に恥ずかしくない銀行員人生を送れているのだろうか。

風で織るタオル

　愛媛・今治《いまばり》に「風で織るタオル」と呼ばれるタオルメーカー「IKEUCHI　ORGANIC」がある。

　アインシュタインやヘレン・ケラーなど国内外の多くの著名人が投宿した日光金谷ホテルのオレンジスイートや箱根・強羅花壇《ごうらかだん》のはなれ、京都センチュリーホテル、京都の一棟貸しの旅館などが、宿泊客に最上のサービスをと、こぞって採用しているタオルを手掛けているメーカーだ。

創業は１９５３年。池内タオルとして初代・池内忠雄《いけうちただお》がタオル生産を開始した。現在の代表、池内計司が一橋大を卒業し、松下電器産業（現パナソニック）を経て、池内タオルの２代目社長となったのは１９８３年のことだった。

「初モノ食いなので」

と、照れくさそうに笑う池内は、早くから高品質で環境負荷のないタオルづくりのための数々の技術導入を進めてきた。

スイス製のＳＵＬＺＥＲ《スルザー》織機を使った最新のジャカード仕様を取り入れ、92年にはレピア織機の名機と言われるＳＵＬＺＥＲ ＲＵＴＩ《スルザー・ルーティ》を日本で初めて導入した。レピアとは槍状《やりじょう》の金具で糸をつかんで通す織機だ。

これによって日本での販売も始まり、今治では最も評価の高いレピア織となった。現在もスルザー・ルーティを超えるレピア織機はないという。

編物は１本の糸から編み上げられる。織物は縦糸一本一本の上と下を交互に横糸を通すことで織られていく。「横糸の上を通る縦糸」と「横糸の下を通る縦糸」をどのように扱うのか。かつては上の縦糸すべてを人力で持ち上げて、横糸を通していたというのだから、気の遠くなる作業だった。この難題を解決する織技術を人類は発明した。

1801年にフランス人の発明家ジャカードが、上の縦糸を機械化で持ち上げる織機の開発に成功した。時はナポレオン台頭の時期だ。ナポレオンの強力な後押しもあり、ジャカード織りは飛躍的な成長を遂げた。我々人類の衣服、タオルなどの織物革命を起こしたと言っても過言ではない。ナポレオンから我々が受けた恩恵は、缶詰にとどまらない。

本筋に戻る。

池内がこれまでのタオルづくりに限界を感じ、環境への強烈な意識を持ち始めたのは99年頃だ。環境認証ISO14001を取得し、デンマーク・ノボテックス社から人体に安全で環境負荷の少ない染色を目指す「ローインパクト・ダイ（Low Impact Dye）」の考え方を導入した。生地を染色する工程「染色整理」を担うのが、協同組合運営方式で操業する染色工場「INTERWORKS《インターワークス》」だ。

化学薬品の使用とエネルギー消費を大幅に抑えたオゾン漂白と、四国で最も高い石鎚《いしづち》山系から80～100年をかけて流れてくる、地下80メートルからくみ上げるバージン・ウォーターを使用している。軟水で鉄分が少なく、染色には適しているのだ。

廃液処理プラントでは、バクテリアによって浄化された水が流される。なんと廃水の流れる水路には鯉《こい》が泳ぐ。かつてはメダカが元気に泳ぎまわっていたが、環境保護団体から「虐待だ」との指摘を受け、逃げまわるメダカを捕まえて移したため、今では鯉が主《ぬし》として水路を独占し、悠然と泳いでいる。鯉の泳ぐ水路を通った水は、瀬戸内海に注ぎ込んでいる。

赤ちゃんが食べられる日

何より、企業理念からして異彩を放っている。

「完全なオーガニック・コットンにこだわり、創業120年の2073年に、赤ちゃんが『食べられるタオル』をつくる」

池内は語る。

「ウソのないタオルをつくらねばならない。我々はそういう会社なんです」

池内によれば、綿花(コットン)は本来、食べても問題のない植物だ。それが現状、「食べない方が良い」のは、我々が通常着用・使用している衣服、タオルなどのほとんどの綿花の生産には農薬を使用していたり、綿花をかじった虫の腸が溶けて死ぬという遺伝子組み換え操作をした綿を使用しているからだという。安心安全と思う消費者は、普通いない。

NPO法人日本オーガニック・コットン協会によれば、原材料のオーガニック・コットンとは、それぞれの国の有機栽培の法律で定められた基準に従って栽培され、認証された綿花だ。

オーガニック農産物等の生産方法についての基準に従った2、3年以上のオーガニック農産物等の生産の実践を経て、認証機関に認められた農地で、栽培に使われる農薬・肥料の厳格な基準を守って育てられた綿花のことを指しているという。

一方、オーガニック・コットン製品の場合は、法的な規制はないものの、オーガニック・コットン製造・加工に関する国際認証、ＧＯＴＳ（Global Organic Textile Standard）、あるいは非営利団体の基準策定機関ＴＥ（Textile Exchange）が策定したＯＣＳ（Organic Content Standard）など任意の認証基準がある。

日本における通常の綿製品の場合、多くが遺伝子組み換えの綿花で、普通のコットンの中で遺伝子組み換えでないものを探すのは難しいという。

遺伝子組み換えとは具体的に何か。綿花の場合、食べた虫を殺す効果と除草剤に耐性のある効果の2種類に分けられるという。海外の大手化学企業がこの開発を進めているが、遺伝子組み換えをした作物を食べても死なない虫や除草剤でも生き残る雑草が登場した。このため、さらに強力な殺虫効果、除草効果の遺伝子組み換え綿花を開発し、それでも自然の摂理を抑え込めずに、いたちごっこになっているのが現実だ。

どのような影響が人間に出てくるのかは、現時点では誰にも分からない。影響が出てくるまでは、誰にも止めることはできないのだ。

池内は、オーガニック・コットン製品というだけでは「ウソのないタオル」とは言えないと考えている。

たとえオーガニック・コットン製品を標榜《ひょうぼう》していても、企業が購買力にものを言わせて海外の農家から安価で買いたたいていたらどうだろう。農家が耐えられずに廃業し、次々に別の農家に栽培をさせていく刈り取り型、収奪型のビジネスモデルに未来は約束されていない。

オーガニック・コットンを使ってはいるが、染色工場の廃水が河川、海洋に環境負荷をかけ、工場に使用する電力が「キレイ」ではないとしたら、それは決して未来に胸を張れるものではない。

これ以上、何かを犠牲にしたビジネスはやめよう。池内は、衣服や食べ物などの生活全般を当たり前のように大量消費する時代を生きる我々に強烈なメッセージを投げ掛けている。

持続可能性を考え続けてきたＩＫＥＵＣＨＩの製品の特徴は次の通りだ。

・3年以上農薬を使用していない農地で栽培したオーガニック・コットンを使用。
・インド、タンザニア綿花生産者との完全なフェアトレード。
・工場廃水の徹底処理で、汚れは12ppm（100万分の12）以下。
・工場電力はすべて風力発電を使用。国際認証も取得。ここから「風で織る」とユーザーに呼ばれている。
・食品工場ではないものの、食べられるまでに安心安全なタオルづくりを目指すため食品衛生管理認証「HACCP」、さらに織物工場としては国内で最初の食品の安全管理システムＩＳＯ22000も取得。

ここまでの徹底ぶりは、ＩＫＥＵＣＨＩの熱烈なファンであるユーザーならば知っている。しかし、徹底的に製品にこだわり、海外でも高く評価されるブランドにまで差別化させなければならなかった背景には、実は10年も銀行取引ができなかった「金融排除」の非情な現実があったことは、あまり知られていない。金融排除から自力で再起を図るには、徹底的な差別化戦略を進めなければならなかったのだ。

当時の池内タオルは諸々の課題はあれども、順風満帆だった。２０００年、品質管理の規格ＩＳＯ９００１を取得。01年、繊維製品の安全性を示すエコテックス規格１００のクラス１を取得した。こうした認証の取得はいずれも業界初だ。食品工場並みの衛生管理基準を整えた。

02年風力発電１００％の工場を実現、さらにはＮＹホームテキスタイルショーで「New Best Award」を受賞した。これは世界32カ国、１０００社から5社だけが選ばれる賞だ。世界でも池内タオルは高く評価されたのだ。03年には、当時の小泉純一郎首相が今治の工場を視察し、施政方針演説で池内タオルについて紹介したほどだ。

池内タオルが全国の百貨店でこだわりの独自ブランドを展開しようとしていた矢先、予期せぬ事態が起きた。売り上げの9割を占めるOEM（相手先ブランドによる生産）のうち、主要な卸先が倒産し、納入していた製品の代金（売掛債権）が回収できなくなったのだ。

途端に池内タオルも資金繰りが逼迫《ひっぱく》し、03年に民事再生法の適用申請を余儀なくされた。まさに「もらい事故」「巻き込まれ事故」のような連鎖的な法的整理だった。

当時のメインバンクである取引銀行の支店長は、親身になって相談に乗ってくれた。しかし、まもなく支店長が異動して別の支店長に交代すると、銀行の態度は豹変《ひょうへん》した。

一度でも法的整理をした会社は、銀行にとって「前科者」「犯罪者」となる。

銀行は池内タオルを見捨てた。ここから10年に及ぶ金融排除が始まったのだ。

10年の孤独

銀行取引のない世界とはどのようなものか。

事業者が一切の借り入れができない。手形が切れないのであれば、原材料の仕入れ、製造工程での従業員への給与支払いなどの運転資金さえままならなくなる。

まともな経営が許されない状況で、池内タオルは前金の支払いに応じてくれる取引先からの資金で、文字通り自転車操業を続けるしかなかった。繰り返すが10年もだ。事実上の死刑宣告に等しい。廃業し、雇用も喪失させ、この地上から消えてなくなれということに等しかった。

池内タオルの取引銀行は、元々メインバンクのみのほぼ一行取引だった。

「常にうちのことを考え、寄り添ってくれる銀行でした。民事再生法を申請した時も、『池内が再建案を持ってこい。どんな案でもサポートする』と支店長は言ってくれました。本当にありがたかった」

意外ではあったが、池内からは「寄り添う銀行」という言葉が出てきた。

民事再生後も、相手先ブランドによる生産（ＯＥＭ）先とは取引を続けようと思えばできた。しかし、池内はＯＥＭを続ければ、また同じようなことが起きると確信していた。どんなに良い製品をつくっていても、下請けの立場は限りなく弱いのだ。

ところが、支店長が代わり、態度の豹変した銀行は池内に対し、ＯＥＭ先のさらなる分散化を提案してきた。分散すればリスクは低減するというロジックだ。しかし、同じ銀行の心あるバンカーからは「ＯＥＭはもうやめなさい」という助言もあった。

池内は決断した。どんなに良い製品をＯＥＭでつくり続けても、その会社の倒産を下請け業者が防ぐことはできない。今こそ、この悪循環から抜け出して生き残るため、独自ブランドに絞り込むことによって、真に付加価値の高いタオルをつくり込まなければならない。

再スタートを切るために、従業員を半減させた。シワ寄せは池内に来る。対外的な交渉はすべて池内がやらざるを得なくなった。

銀行は「毎月、状況の説明に来い」と申し入れてきた。

「銀行に行っても、お金を返すだけじゃないか」自分が売りに行った方がスムーズに返せるじゃないか。

と、池内が営業を優先して銀行への報告に行かないと、銀行の本部から現場に「どうなっているんだ！」と怒りの声が飛んだという。

池内が薄情者ということではない。民事再生法申請によって迷惑をかけた地元の事業者には謝罪を繰り返した。最後の債権者会議の時には、

「もういいから、池内さん。あなた東京へ行って謝ってきたらどうだ？」

と、温かい言葉も掛けてもらったほどだ。

ちょうど「風で織るタオル」として、独自ブランドを全国一斉発売していたのだ。謝るならば今治ではなく、全国展開の鍵を握る東京で謝ればいい——。これからの池内のことを思いやった債権者たちの優しさがあった。

池内は銀行との対話も試みた。

今までなかったビジネスモデルに打って出ないと、タオル業界の明日はない。池内がこう情熱を込めて説明すると、銀行の担当者は冷たい視線を向けて言い放った。

「君は何を甘えているんだ？　さらに金を出せというのか？」

「……申し訳ございませんでした」

何を訴えようと、池内に許された発言はこれしかなかった。

さらに銀行は追い打ちをかけ、なんと環境認証などの放棄を求めてきた。維持費がかかるからだ。自社ブランドを差別化路線で際立たせなければ生き残れないと覚悟を決めた池内にとって、環境対応は生命線、死活問題だった。

「何を夢みたいなことを言ってるんだ！ そんなものはやめろ！」

と、銀行は聞く耳を持とうとしなかった。

池内タオル同様に構造不況の波に呑まれ、危機に瀕《ひん》していた今治タオル全体がブランド化に成功して、人気に火が付くまで、ここから数年を要した。池内タオルは、いち早く変革の必要性に気づいたに過ぎない。今治タオルの将来を考えれば、方向性は同じだったのだ。

銀行は今治タオルの事業性をどのように評価していたのか。先駆者の池内をどう見ていたのか。恐らく、単なる貸出債権の保全、回収程度にしか考えていなかったのではないか、と筆者は池内に問うた。

「今治のタオルはこのままではダメになってしまう。タオル業界の先行きを考えれば明白でしたが、あの時、銀行員には理解できていなかった。今なら分かるでしょうけどね」

池内は、わだかまりも解けた遠い過去の話をしているのか、まるで昨日のことのような忘れ難い苦い思い出の話をしているのか。目を細め、その表情を読み取らせなかった。

民事再生法申請から3年が経過すると、もはや支店長の顔すら分からなくなった。

民事再生前は最大で8億4000万円あった売上高は、99％減の700万円になった。前金に応じてくれる販売会社との取引で、毎月月末の入金確認をしてから支払い先を決めなければならなかった。本来、銀行が短期融資を提供しなければならない運転資金もこの有り様だ。

給与も、余裕のある独身者には5日間も支払いを待ってもらっていた。給与日に社長の池内が報酬を受け取ることはまずなかった。ビジネスが軌道に乗り始め、ここ4、5年前からようやく池内にも給料日に、報酬が定期的に支払われるようになった。

「これ信じていいの？」

池内の妻は、池内に尋ねたという。

捨てる神、拾う神

資金繰りは常に綱渡りだった。しかし、現金取引に応じてくれる先にしか商品を出せなくなると、自然と自分たちの言い分を聞いてくれる売り先を選べるようになった。説明には池内自らが乗り込み、最低でも1時間30分以上かけてタオルづくりにかける思い、こだわりをじっくりと語った。

捨てる神あれば、拾う神がいる。

経済産業省は、中小企業の展示会に出展したり、投資会社へのプレゼンをするイベントへの参加などでバックアップしてくれた。

まもなく、投資会社10社が池内タオルの将来性に出資したいと名乗りを上げた。が、結局、08年に日本生命保険系のニッセイ・キャピタル、三井生命系の三生キャピタルの2社に絞り込んだ。ニッセイからは32％、三生からは3・4％の出資を受けた。

同じ頃、資産運用会社「鎌倉投信」の運用責任者・新井《あらい》和宏《かずひろ》が偶然、池内タオルの取り組みをホームページで知り、接触してきた。詳しい経緯は後述するが、鎌倉投信は13年6月から計3回、池内タオルの社債を購入することになった。10年の金融排除の闇にようやく光が差し込んだのだ。

そうしたギリギリの金融排除の事情を知らないメインバンクの営業担当者が、たまに「口座をつくってください」「テレビで見たんですが、ぜひうちとも取引を」と、トンチンカンな飛び込み営業をしてきたこともあった。もはや自分たちが池内タオルを排除している張本人であることすら分からなくなっていたのだ。

池内は語る。

「おかげさまで今では銀行の飛び込みがいっぱいあります。最初に『決算書見せてくれ、工場見せてくれ』というお申し出が多いですね。ですが、決算書を見せないとお金が貸せないというならばお帰りください。工場が見たいならばウチの株主になるか、お金を貸してからにしてください、とお答えしています」

その穏やかな口調の言葉の行間には、凄惨《せいさん》な金融排除を耐え抜き、タオルの付加価値を高めることでしか生きる道がなかった男の覚悟がにじんでいるように思えた。

真実はエンドユーザーに

「金融排除から池内タオルを救ったのは、コアなユーザーですよ」

と、池内はユーザーの話に移ると、嬉《うれ》しそうに話し始めた。エコを差別化戦略に掲げると、ファンが早速、厳しい指摘を寄せてきた。

「どんなにキレイなタオルか知らないが、一番汚い電力でつくっているじゃないか」

腹は立たなかったのか、と筆者が問うと、池内は答えた。

「ストイックなお客さんこそが、ウチを支えてくれていると思っています。気に入らない時だけ、厳しいことを言ってくれる。見返してやると、こっちも頑張るわけです」

最も厳しいことを言う客こそが、最も池内タオルのことを考え、支えてくれた。民事再生法申請の直後、打ちのめされていた池内に、ユーザーから多くのメールが届いた。

「何枚タオルを買えばいいのか」

池内に、OEMではなく、オーガニック・コットンの独自ブランドで再起を図る決意をさせたメールの一つだ。

金融排除の間、経営も変わっていった。池内は今も社内で口酸っぱく言う口癖がある。

「販売店の声を聞いてはいけない。真実はエンドユーザーにしかない」

多くの販売店は10年後の池内タオルには興味がない。今日、この瞬間売れているタオルがほしいだけだ。しかし、コアユーザーは違う。10年後も続いてもらわないと困るからこそ、口うるさく忠告しているのだ。メーカーは、エンドユーザーの厳しい意見にこそ、真摯《しんし》に耳を傾けなければならない。池内の信念だ。

「僕は来年こういうことをやりたい、とお客さんの前でよくプレゼンするんです。目を輝かせてくれていたらやるし、そうでなかったらどうなのかな、と考える。そういうことをやり続けていると、人も集まってくるんです」

事実、現社長の阿部哲也《あべてつや》は09年に池内タオルに来た。取締役を務めていたジーンズの小売りチェーンが破綻し、事業撤退・物件の売却まで見届け、阿部は人づてに紹介された池内タオルでアルバイトをしていた。よもや自らがここで働くことになるとは露ほども思っていなかったという。

手っ取り早い再就職先は、やはり小売りだった。しかし、セールのためのものづくりから脱却できない小売りの限界を感じていた阿部は、ものづくりにプライドを持っている池内タオルこそが自分の思いをぶつける仕事なのではないか、と次第に考え方が変わってきたという。

入社して気づいたことがある。

「ウソがない。やりすぎなほど愚直です。ウチは経済性、効率性を優先させるならば、絶対にノーなことばかりやるんです。それをやっていると納期が遅れたりする。自分には、それがどういうことなのかは小売りをやっていたからこそ分かる。本当にちゃんとしたものづくりをしようという時に、納期を必ず守るとか、均一なクオリティということが、どれだけ非常識かということが分かるんです。オーガニックというのは、違って当然。それを楽しむというのがオーガニック。それが現実なのに、つくる側の情報は消費者には届いておらず、売る側の事情しかない。農業もそうです。つくる側の事情は軽んじられていて、結局は大量に速く、安く、広範囲にものを広げた方が勝ちというゲーム。そこにフィットするものは均質でしかない。これに未来はないな、と」

ものづくりとは正反対の世界に身を置いたからこそ、阿部は確信している。

「社会のあり方が変わると思います」

池内からIKEUCHIへ

池内タオルは、10年に及ぶ金融排除の暗黒トンネルをようやく抜け出した14年、社名を「IKEUCHI ORGANIC」に変更した。その狙いを池内はこう語る。

「池内計司の会社から解き放つためです」

IKEUCHIの売上高は現在、約5億円。むやみな店舗の拡大を敢えて止めているという。

「売ろうとすると、自分たちがつくりたくないものをつくり始める。社長には悪いなあと思うけど、それをぐしゃぐしゃにすると維持できなくなる」


読者は疑問に思うだろう。IKEUCHIのタオルが、多くの高級ホテルに置かれていないことを。実は、大規模なホテルでは、リネンサプライ事業者が指定するタオルしか置けないのが実情だ。ホテルは、シーツやタオルのクリーニングなどの、リネンサプライサービスを外部の業者に任せると、自由に高品質なタオルを部屋に置くこともできなくなるのだ。たとえスイートルームに宿泊する顧客が最上級のタオルを望んでいても、だ。

しかし、これは顧客本位ではない。なぜならば、ホテルに特別に高いチャージを払ってスイートルームに宿泊する顧客の利益が損なわれているからだ。

合理化、効率化、利益の最大化、株主利益を追求する企業活動には、常に利益相反がある。

情報の非対称性で劣後する顧客は、それを知ることはない。

阿部社長は今後の経営の舵《かじ》取りについて語る。

「ブランドはできました。あとは正常進化させ続けていくこと。常に思っているのは1000年続くこと。すべてを持続可能にしなければならない。今はそういう時代に変わっていく転換期です。その橋渡し役が自分の仕事。組織、会社、働き方、生き方が一変するはずです。池内計司という人は、アップルで言えば、スティーブ・ジョブズです。池内がつくった世界観をどのように維持していくのかが自分の最大の使命。老舗企業を見ていると、職人のスキルが高いのが特徴です。自分たちとしては当たり前のことを淡々と続けることが大事だと思います」

一方の池内は、今のＩＫＥＵＣＨＩについて、

「自分の思った通りにはいきませんね。どんどん予期せぬ成長をしている」

と、ユーモアを交えて話す。ＩＫＥＵＣＨＩの商品展開は他に例がない。

毎年微妙に風味が異なるボジョレーヌーボーのように、その年のオーガニック・コットンの風合いを楽しんでもらう商品「コットンヌーボー」を11年に打ち出した。今ではコットンヌーボーの発表会は、ワインを飲みながら楽しむファンミーティングの場になっている。ここでの池内と阿部の「掛け合い」も見所の一つだという。

阿部が「毎年違った風合いがあった方がいい」と述べると、ものづくりの鬼の池内は「原材料がどういう状況でも、もの凄いものをつくらなければならない。売り手の都合や事情をお客様に押しつけてはいけない。僕は20年間やり続ける。20年間最高のものだと言い続ける」と反論する。代表と社長の丁々発止を、ファンは「いいぞ。もっとやれ」とばかりに、ワインを片手に楽しんで眺めているのだという。

IKEUCHIにとって金融排除とは何だったのか、と筆者は問うた。

池内は少し考え、口を開いた。

「『一足のわらじはダメだよ』と神様に言われたということだと思います。早い話、相手先ブランドによる生産（OME）で儲《もう》けて、自社ブランドで格好つけているだけというのは、違いますよね」

美しい仕事

17年6月3日土曜日、梅雨入り前の晴れ渡る松山空港。到着ロビーで、半袖のワイシャツに、コットンネクタイ姿で到着客たちを迎える池内の姿があった。

この日は、ファンに本社工場を公開する初めての企画「オープンハウス」の初日。東京、大阪、京都、水俣など各地からIKEUCHIの企業理念に共感したファン44人が参加した。予定した参加人数は満員。抽選で選ばれた参加者が貸し切りバスで移動した。

バスは西条市の染色工場「INTERWORKS」を見学した後、今治の本社工場に到着した。

IKEUCHIの本社工場は、白い壁面に社のイメージエンブレム「I《アイ》」が黄色く映える。旧工場の面影を残すストアを抜け、工場に案内されると、ヘアキャップとシューズカバーの着用を求められた。食品工場と同じ衛生管理基準を導入しているためだ。

工場に一歩入ると、OTAI製の部分整経機が目に飛び込んでくる。巨大な整経機が高速回転しながら数千本の糸を巻き取っている。縦糸の長さ、本数、張力を整えるための準備作業だ。

均一なテンションこそ、品質を左右する重要な第一歩となる。張りすぎると切れ、緩すぎると2〜3本の糸を巻き込んでしまう。熟練の職人が、糸の状況を確かめるように真剣なまなざしを向けている。準備工程から巻き上げまでに通常7時間を要するという。5〜10年の経験がないと務まらない仕事だ。

糸のテンションや整経機の回転の具合を確認する所作の一つ一つに無駄がない。頭上の明かり窓から差し込んだ日差しが、職人の頭上に降り注いでいた。

さらに工場の心臓部まで通されると、スルザー・ルーティ織機の操作体験を許された。天井から無数のピンクとブルーのツートンカラーの細い金属棒「綜絖《そうこう》」が下がっている。数メートルもあり、遠目にはピンク色のカーテンのようにも見えよう。

通じ糸と呼ばれ、これによってパイル糸、縦糸を一本ずつ上下に動かしてコントロールし、そのすき間にレピアが素早く槍のように飛び込んで横糸を受け渡す。縦糸の上と下を横糸が交互に通り、これを気の遠くなるような回数を重ねることで、タオルとして織り上げられていくのだ。

ＩＫＥＵＣＨＩの工場で働く職人たちの何気ない所作すら美しかった。上部から差し込む日差しが神々しい光景を見せたというだけではない。美しい職場、美しい仕事からしか、人の心を揺さぶる製品を生み出すことはできないとＩＫＥＵＣＨＩの職人たちは考えている。

工場見学が終わり、本社2階のフロアで、ファンミーティングが始まった。

一人一人の参加者がＩＫＥＵＣＨＩのタオルに寄せる自分の思いを語った。一人の女性はメイクアップ・スタイリストとして、抗がん剤の副作用で脱毛した乳がん患者のため、ＩＫＥＵＣＨＩのタオルでつくった帽子を披露した。たかがタオル、されどタオル。自分の生き様やストーリーを語ることができる製品がここにある。

ミーティングの締めくくりに、阿部社長はおもむろにボードを取り出した。国連が提唱する「貧困をなくそう」「飢餓をゼロに」「すべての人に健康と福祉を」など、17項目の社会課題の解決を２０３０年までに目指す持続可能な開発目標「ＳＤＧｓ（Sustainable Development Goals）」だ。

自社工場の風力発電１００％稼働、コットンヌーボー、井戸の寄贈などを通じて、ＳＤＧｓが取り上げられる以前からＩＫＥＵＣＨＩが取り組んできたことだ。

阿部は、ＳＤＧｓの12番目の目標「つくる責任　つかう責任」を、ＩＫＥＵＣＨＩとして「誰も犠牲にしないものづくり」と定義し、実践していくことを宣言した。

「誰も」とは、生産者、社員、ＩＫＥＵＣＨＩが組む協力会社、地域、エンドユーザーなどものづくりにかかわるすべての人を指している。

「今後、ウチはこれでやっていきます。２０３０年までに誰も犠牲にしないタオルづくりをします。みなさんはこのボードに証人となってサインしてください」

と呼びかけた。ボードはファンのサインで、すぐに埋め尽くされた。

池内は言う。

「商品が連れてくるんです。人もお金も」

大阪・黒門の老舗魚屋

天下の台所・大阪――。鮮魚、青果をはじめ、様々な食材が集まるのが黒門市場《くろもんいちば》だ。

黒門市場商店街振興組合によれば、来場者数は１日平均２万３０００人、大阪はもちろん、奈良、兵庫、和歌山からも「ほんまもん」の食材を求めて客が買いつけに来るという。

文政５年（１８２２年）、伊能忠敬《いのうただたか》が大日本沿海輿地全図《だいにほんえんかいよちぜんず》を完成させた頃には、黒門市場は既に誕生していたらしい。当時は、大阪・堺筋の日本橋2丁目にあった圓明寺《えんみょうじ》にちなんで「圓明寺市場」と呼ばれていた。寺には北東に黒い山門が構えられていたことから、いつしか「黒門市場」と呼ばれるようになったのだという。

明治政府からは当初、市場としてみなされず、明治45年（1912年）には西の難波の大火災で圓明寺、黒門もろとも焼失した。太平洋戦争では空襲で焼け野原となりながらも、その都度、大阪商人たちの手で復興を成し遂げられてきたのが「黒門」の歴史だ。大阪商人の商魂そのものと言ってもいい。

一般庶民から高級料亭やレストランの料理人、近年では外国人が新鮮な魚を求め、平日でも人の波でごった返すのが、ここでの見慣れた光景だ。

黒門市場のほぼ中央に、明治38年（1905年）創業の老舗魚屋「深廣《ふかひろ》」がある。113年の歴史ある店を率いるのは、弱冠26歳で6代目社長を継いだ深井《ふかい》崇光《たかみつ》だ。

創業者は、堺の商人深井《ふかい》廣吉《ひろきち》。当初は穴子専門店として堺で創業した。2代目直忠《なおただ》は、ネクタイを締めて魚を売り歩く「やり手」の大阪商人だった。堺の穴子専門店に加えて黒門市場に進出し、魚全般を扱う鮮魚店経営に乗り出した。業容を拡大させる傍ら、軍用パラシュートの軍需工場も手掛けた。ところが太平洋戦争後は、進駐したGHQによって財産は没収されて、刑務所で服役する辛酸も嘗《な》めた。中国から戻った「引き揚げ者」の3代目正三郎《しょうざぶろう》は黒門・深廣の立て直しに奔走した。

予期せぬ民事再生

1984年、4代目を継いだ勝《まさる》は、19歳の年の4月にアルバイトとして深廣の経営に加わった。一斗缶《いっとかん》10缶分の赤貝を仕入れたところ、面白いように売り捌《さば》けた。

（魚、やろか。人生をかける仕事として、おもろいな）

勝は、フグに目を付けた。調理師免許を取得し、フグの問屋の経営にも乗り出した。上場を目指し、人の倍以上、勉強に打ち込んだ。

「魚に触れてきた時間は、誰にも負けへん」

6人だった従業員は、30人ほどに増えた。

順調に業容を拡大していた折、89年に「関西最大級」とのふれこみで開業していた「奈良そごう」へ出店しないかとの話が持ち上がった。100坪にも及ぶ目玉の鮮魚コーナーに「深廣」の看板を掲げるのだ。この商機をつかもうと、勝は先行投資を決断した。

ところが2000年7月、そごうが負債総額1兆8700億円で経営破綻したのだ。奈良そごうも民事再生法の適用を申請したが、開業10年ほどにもかかわらず存続店舗からは外され、同年12月、閉店を迫られた。

勝が先行投資していた10億円近くの資金は丸々、回収不能になった。リース代数億円がかさみ経営を圧迫したのだ。深廣を含め一般債権者には一律200万円が返済されるだけだった。

この時は、地元の信用金庫が状況を理解し、深廣に支援を継続してくれた。

しかし、そごう破綻の傷跡は深く、容易に埋め難く、03年、深廣はついに民事再生法適用の申請を余儀なくされた。負債総額22億円だった。

売り上げは100億円から30億円に激減した。それでも、なんとスポンサーをつけずに、従業員も切らずに自力で再建を成し遂げた。本業の魚屋が好調だったからだ。

「なんや！　これは！」

勝は中国のフグ養殖で再び、経営を成長軌道に乗せたかった。

2010年、勝が信頼を寄せていた中国出身の深廣幹部の提案を受け入れ、7200万円を投じ、山東省で24万匹のフグの買い入れを決めた。

勝自身、10年3月下旬に現地を視察し、太鼓判を押せるフグに成長する稚魚を確認した。国内では、熊本・天草に受け入れ用の「生《い》け簀《す》」を200基用意した。1基の年間の使用料は100万円だ。諸々の経費を含め、総額2億5000万円ほどを投じていた。

（いよいよや）

5月上旬、中国からは第1弾の6万匹、第2弾の6万匹、第3弾の残り12万匹が順次送られてくることになっていた。はやる気持ちを抑えきれぬ勝は、満を持して、天草に乗り込み、万全の受け入れ態勢を整えていた。

ついに第1弾の運搬船が到着した。勝が運搬船から生け簀へと移されるフグを船の上から確認したところ、信じられないことが起こった。

「なんや！　これは！」

勝は目の前の光景を疑った。中国で買い入れたフグとまったく異なる、小ぶりの質の悪いフグ6万匹とすり替わっていたのだ。何かの間違いであってほしかった。

翌日、第2弾の6万匹が届いた。そして第3弾も――。悪夢ではない。現実だった。24万匹が、すべてまったく異なるフグにすり替わっていたのだ。

フグの調理師免許まで取得し、誰よりもフグに触れ、現地視察まででした。絶対の自信を持って大一番の勝負に挑んだ勝だ。万に一つも見誤るはずがない。

しかし、眼前の24万匹のフグは餌《えさ》を与えてもこれ以上、太らない別物のフグだった。クレームで処理できると思った。しかし、中国側は「それが養殖していたフグだ」の一点張りで、埒《らち》が明かない。目の前のフグに餌を与えなければ、次々に死んでしまう。

24万匹仕入れたフグは、すぐに死に始めた。夏には5万匹、12月には7000匹までみるみる激減していった。勝も座視できず、出荷できるはずもないフグに餌を与え続けるしかなかった。生け簀の使用料に餌代、諸々の経費で4億〜5億円が消えていった。

良からぬ噂《うわさ》が勝の耳に入ってきた。

「中国でのフグ事業を主導した中国出身の深廣の幹部が、現地の中国人とグルになって偽のフグと差し替えて、本物は別に売り払い、リベートを得ていたのを知っているか」

勝は信じなかった。しかし、「どうしてこうなったのか確認します」と、勝に説明していた中国出身の幹部はその後、会社を辞めて勝のもとを去っていった。

深廣には、莫大な負債だけが残された。

覚めない悪夢

悪夢は覚めない。同じ時期に、勝は、神戸で経営再建が厳しくなっていた知り合いの事業者から巨大生け簀センターを譲り受けることになっていた。

1000坪もの敷地に25メートル×5メートルの生け簀が10基立ち並ぶ、西日本一の規模だ。年間の売り上げ20億円、営業利益2億円が見込め、中国事業の失敗で受けた経営を立て直すことができる起死回生の一手だと勝はにらんでいた。神戸市から譲渡契約の承認も得ていた。

地元信金幹部が物件を視察に来るなど、総額2億8000万円を借り入れる方向で話も進んでいた。信金の役員も「融資は大丈夫です」と内諾していた。

11年4月26日、勝のところに、この信金の融資担当者から連絡が入った。

「明日27日午前10時に印鑑証明を持ってきてください。そこで契約ということで」

勝はほっと胸をなで下ろした。ところが同じ26日のわずか数時間後、同日午後5時に担当者が急きょ、当時の本社を訪問したいとの連絡があった。何事か。神妙な面持ちで現れた信金の担当者は勝の目の前で、信じ難い話を始めた。

「稟議《りんぎ》がおりませんでした」

「おい！　どういうこっちゃ？」

勝がいくら問いただしても、

「すんまへん、すんまへん」

と、担当者は頭を下げるだけで埒が明かない。

それでも、しばらくは手形割引の取引には応じてくれた。

「担保は、もうないですかね？」

信金の担当者は、何かがあったかのように態度が豹変した。奈良駅前のビルなどを抵当に入れたが、それでも7000万円しか信金は融資に応じないという。

資金ショート寸前の状況が続いた。勝はファンドなどもかけずりまわり、資金調達に奔走したが、既に金融排除の渦に自らが呑み込まれていることに気づいていなかった。

ついに、勝は二度目の経営破綻に追い込まれた。12年3月、破産手続き決定。負債額は16億円だった。

勝は後日談で、ある話を耳にした。

「実はな、あの信金の理事長、あんた（勝）のことが嫌いということやで。それで稟議をひっくり返したらしいで」

（嫌いって、どないな話や。個人的な好き嫌いで事業者を潰すんか！）

勝は憤ったが、もはや万事休す。手だては残されていなかった。

12年3月31日、深廣の手元資金は、なんと4万円しかなかった。現金がないと、魚が仕入れられない。すべての金融機関が深廣を排除した。深廣を救ったのは、一般債権者だった。ツケ払いに応じてくれなければ、間違いなく深廣は消滅していた。

しかし、二度の法的整理を繰り返した勝は、金融機関からすれば「前科者」、それも再犯の「重犯罪者」だった。たとえ勝に誰にも負けない魚の目利きがあり、フグを調理する腕があっても、ミシュランの店が魚を仕入れていても、認められなかった。魚屋の本業など金融機関には、興味はない。勝が、金融排除の烙印《らくいん》を押されたという現実がすべてだった。

新たなる希望

翌4月1日、金融排除となった勝は身を引き、従業員はスーパー、別の魚屋に移り、完全にゼロからのスタートとなった。

1年後の13年3月、新たに設立した「Sea《シー》 Bank《バンク》株式会社」が深廣の屋号を引き継いだ。娘の香子《きょうこ》が社長に就くしかなかった。14年5月には、香子と執行役員（現常務執行役員）の山中明が、日本政策金融公庫堺支店を訪れ、再出発の意思表明と事業計画を誠実に説明し、どうにか公庫から、無担保で500万円を借り入れることができた。

しかし、香子は子育ての負担もあり、会社の先々のことを考え、15年6月に勝の長男崇光が社長に就いた。26歳という若さだった。

崇光は88年10月14日生まれ、高校野球に青春のすべてをかけたが、持病がそれを許さなかった。崇光自身、野球の道を断たれた持病について多くを語らない。だが、挫折の経験を持つ者だからこそ分かる思いがある。逆境をバネに成長できる人間こそ、人に感動を与え、何かを変える力を宿すのだ。

崇光に留学経験はないが、中学時代から続けてきたホームステイの受け入れや、高校時代の外国人向け観光ガイドボランティアで、英語を自然にモノにした。大学は、近畿大学農学部水産学科に進んだ。大学は11年に卒業し、社会人経験を積んで深廣に入った。

目鼻立ちの整った風貌は母親似だ。もし魚屋に生まれていなければ、海外を飛びまわる商社マンなどになっていても不思議はない。しかし、崇光は深廣に生まれた。幼い頃から魚に触れて育った。子どもの頃から、いつかは家業を継ぐことを覚悟していた。

勝を一言で表せば、「黒門の魚屋のオヤジ」だ。どこへ行くにも市場で買い付け、店頭で魚を売ってきた時と同じジャンパーと長靴という出《い》で立ちだ。その格好のまま新幹線で上京し、国会議員の議員会館にも平気で乗り込んでいく。

一方、崇光は、若者らしからぬ慎重さも兼ね備えている。しばらく、取材を続けて分かった。誰を信じてよいのか、自分の感覚さえ正しいのか分からないのだ。

伝統ある「深廣」ブランドと事業を担う経営者の覚悟とは、そういうことなのだ。

ましてや、壮絶な金融排除を経て、事業を継いだという通常ではない見えない重圧が、20代のこの若者をして、そうさせたのだろう。

勝は経営にはタッチせず、魚の仕入れや搬入、搬出の手伝い、深廣本店の様子を見に来たりという日々となった。数年前までは、崇光の経営判断に横やりを入れたがり、これに崇光が反発するという親子ならではの確執もあった。しかし、今では従業員のモチベーションを上げながら、新たな顧客を開拓し、順調に売り上げを伸ばしている崇光の成長をまぶしく見守り、時折相談に乗る一人の父親だ。

深廣の二枚看板は、今も「フグ」と「ハモ」だ。ミシュランで掲載された店もわざわざ仕入れに来るほどだ。「フグ」の旬は冬、「ハモ」は夏だ。

しかし、これだけでは春、秋の目玉となる商材が寂しい。そこで通年商品として崇光が力を入れ、成果を出し始めたのが「エゾアワビ」だ。崇光自らが自転車でまわり、

「いっぺん食べてみてください。いっぺん、どないですか」

と、売り歩いている。当初は5個だったのが、今では1週間で360〜450個は売れるようになった。シェアが増え始め、より大きな市場に卸すか、養殖会社の買収なども将来的には検討課題となってきた。

崇光は、商社マンのような粘り腰と機転と誠実な営業姿勢で、ホテルやスーパーの販路開拓を進めている。売上高は6億円に手が届く勢いとなった。金融排除の闇を抜けて「新たなる希望」となった崇光には、新たな時代を切り拓く、心強い仲間が集まり始めている。

鮮魚部部長の小《お》川《がわ》耕平《こうへい》は、漢委奴国王《かんのわのなのこくおう》の金印が出土した博多湾の志《し》賀島《かのしま》出身。有名フランス料理店で約12年の料理人の経験を積んだ異色の経歴の持ち主だ。肩を怪我して料理人を辞めたが、アルバイトのつもりで始めた深廣で、仕入れを担当する幹部に抜擢《ばってき》された。魚を買い求めに来る料理人などに、フランス料理店仕込みの的確な調理法のアドバイスができるのだ。

崇光が目指す深廣は、単に良質の魚を売る店ではない。料理の工夫や調理法、魚の知識とい

う付加価値をアフターサービスとして提供する魚屋だ。小川は、崇光の目指す「深廣」に確かな裏付けをもたらす欠かせない支柱だ。

飲食事業部部長の古谷晃司《ふるたにこうじ》は、崇光行きつけの寿司屋の職人だった。崇光と同じ近大卒、しかも研究室まで同じという縁もあり、深廣で働き始めた。

崇光が舌を巻くのは、古谷の魚の知識はもちろん、店舗、商品戦略の企画力の切れ味だ。俳優松田優作の遺作「ブラック・レイン」の撮影場所でも知られる大阪・十三《じゅうそう》に出店した飲食店「ふかどんふぐどん」の立ち食い寿司カウンターは、すべて古谷の力によるものだ。

崇光は語る。

「僕は営業で、お客様を引っ張ってきます。小川、古谷という頼もしい二枚看板がそれぞれの強みで付加価値を付けてくれる。一人ではできないことも、仲間の力があれば不可能ではない。魚屋の概念を変えたい。僕たちは、そんな夢を持った仲間を募集しています」

動画を撮るバンカー

大正銀行（大阪市）の吉澤徹《よしざわとおる》は68年、長野県生まれだ。深廣の深井崇光と同じく、学生時代は野球にすべてを捧《ささ》げた。しかし、野球人の命である肩を壊し、大学推薦を受けることができず、人生が変わった。球道一筋の吉澤は唯一進学できた大阪の大学に進路を変えた。そのまま就職したのが大正銀行だった。

支店長を経て、本店営業部に配属になり、本店営業部長（現常務）の沖田拓司《おきたたくじ》の直属となったことが、吉澤の銀行員人生の転機となった。

沖田は、新たな顧客や人脈の開拓に積極的な人物で、部下であった吉澤も沖田の薫陶《くんとう》を受け、「顧客の価値創造を通じた銀行取引」を自然と意識するようになった。吉澤は別の支店勤務を経て、16年1月、営業開発部に配属され、再び担当役員だった沖田に仕えることになった。

配属直後のある日、吉澤は、沖田宛ての電話をたまたま取り次いだ。第四章で紹介する経営コンサルタント星野昇《ほしののぼる》からの電話だった。沖田と星野は旧知で、たびたび、融資案件などで意見交換をしていた。沖田は、星野との面会の場に吉澤をたまたま同席させた。この面会で、星野は自らが支援に乗り出した深廣の話題を出していない。

3月のある日、星野から吉澤に電話がかかってきた。

「実は2月決算で、黒門市場の『深廣』を経営しているシーバンクという企業があるのですが、融資を検討してみる気はないですか？」

吉澤は、深廣の過去の経営破綻や沿革など下調べを始めたが、決算書、定性情報を見なくては分からない。そこで16年5月13日、深廣を初めて訪れ、深井崇光社長と面談した。

吉澤は大阪在住ではあるが、黒門市場を訪れたことはなかった。

（この外国人の数は一体何だ）

吉澤は何よりもインバウンド（訪日外国人客）の数に圧倒された。黒門市場の通りは外国人で埋め尽くされ、まっすぐに歩けない。人混みをかき分け、どうにか前に進み、深廣本店に辿り着いた。のぼりが立ち並び、魚がところ狭しと陳列され、英語と中国語、韓国語が飛び交い、外国人が海鮮丼をかき込んで食べている光景に、さらに驚かされた。

「ああ、おおきに！」

長靴とTシャツ姿の韓流俳優のような若い男が、この場に似つかわしくないスーツ姿の吉澤を見つけ、さわやかな声で挨拶してきた。崇光だった。荒れ放題の本店2階に通されて、改めて挨拶し、少し話を交わしたが、突然、崇光が立ち上がった。

「すんません。ちょっと下でマグロの解体ショーをやらんとあかんので」

と、崇光は融資の相談で来た銀行員を置いて、スタスタと1階に下りてしまった。

カラーン、カラーンと福引きで耳にする鐘の音が辺りに響き渡った。何事かと、多くの外国人がぞくぞくと集まってくる。吉澤は思わず、1階に下りて、その光景に息を呑んだ。崇光が流暢《りゅうちょう》な英語で、マグロの解体ショーを実演しているではないか。観光客は一斉にスマートフォンを取り出して、物珍しげにショーを撮影し始めた。

吉澤は、この熱気にすっかり魅了されていた。解体ショーが終わり、崇光から経営の状況を丹念に聴き取った。

「できることとできないことがあると思います。しかし、インパクトは強かったです。結果は分かりませんが、できることを最大限やります」

と、吉澤は銀行の立場も説明しながら、崇光の目をじっと見つめて言った。

吉澤は、持ち帰ったシーバンクの財務諸表を読み込み、不明な点は崇光に電話で問い合わせ、何度も会いに行った。過去の破綻の経緯もあり、今、プロパー（自行）融資を通すのは厳しい。返済困難となった場合、信用保証協会が代位弁済する「保証付き融資（マル保融資）」を活用しようとしたが、さすがの保証協会も今回ばかりは難色を示した。深廣が金融排除先だからだ。財務諸表の勘定項目の不明瞭な点、先代の勝が経営にタッチしていないのかなど、20項目に及ぶ確認事項を求めてきた。

「嫌な質問だと思いますが、どうしても確認しなければいけません」

と、1項目ずつ質問する吉澤に、崇光は誠実に答えた。確認を進めていくと、買掛金を別の勘定項目に計上しているなど、明らかに顧問税理士の不手際があることなども露見した。

20代で経営危機に瀕した会社を継いで日々、商材の魚と格闘しなければならない崇光にとって、対応力を超える問題だ。こうしたところにも金融排除の地雷があるのだ。

16年9月29日、20項目の確認事項を埋めて、保証協会に保証付き融資を正式に申し込んだ。

この間、大阪信用保証協会は決して傍観していたわけではない。職員2人が深廣を視察し、崇光とも面談した。うち一人が、偶然、崇光と同じ近大卒の同期だったという縁があったからではない。黒門市場から離れた場所にある深廣の巨大水槽も視察した。深廣が魚を卸している十三の飲食店まで商流（魚の仕入れから、管理、販売までのプロセス）をきっちり現認していたのだ。

一般的に保証先の企業の視察もせずに、書類手続きだけで保証に応じてきた保証協会は少なくない。もちろんマンパワーの問題や手続きを円滑に進める必要性はあるだろう。それでも「事業者を見なくていい」という道理は決して成り立たない。

大阪の保証協会は動いた。保証協会は座して待つのではなく、まず動くというその姿勢が求められる。

11月初旬、待ちに待った保証協会から3000万円の保証付き融資の承認の連絡が大正銀行にあった。吉澤が早速、崇光に電話を入れて状況を伝えると、

「やったー！　吉澤さん、ありがとう」

「社長が質問項目に全部答えてくれたからですよ」

と、吉澤はいつもこのように答える。「自分の功績ではない」と謙遜するのだ。

保証付き融資であっても、深廣のケースでは吉澤が途中で諦《あきら》めれば、恐らくそこで終わりだった。筆者がそのことを吉澤に尋ねると、

「私が凄いということではないです。沖田常務は『我々は過去に融資するんじゃない。未来に融資するんだ』と背中を押してくださいました。星野さん、保証協会のみなさんも一致して協力したからです」

ある時、崇光は、英語で行ったせっかくのマグロの解体ショーの動画を撮影していなかったことを思い出した。社のホームページにアップすれば話題となるはずだっただけに、しまったと、舌打ちした。

そこへ、たまたま吉澤が深廣を訪れた。雑談を交わすうち、自然とお互いの共通点である高校時代の野球の話題になった。2人とも怪我や病気で、野球を諦めるという言葉にし難い挫折があった。球児として青春を燃やした者にしか分からない体験だ。吉澤には鳥取で野球をやっている高校生(当時)の子どもがいた。吉澤がスマートフォンで、野球に打ち込んでいる息子の写真を崇光に見せ始めた。いくつかファイルをスクロールさせていた吉澤の手が止まった。

「あ、これ、この前のマグロの解体ショーの動画ですよ」

と、崇光に録画データを見せた。

「え？　吉澤さん！　撮っていたの？」

まさか融資にしか興味がないと思っていた銀行員が動画を撮っているとは、崇光は思いもしなかった。吉澤は自分が感動した体験を自分の子どもたちに見せるために、店の中から解体ショーの様子を撮影していたのだ。崇光に見せるためではない。

崇光は吉澤から貴重な録画データを受け取った。

事業者の夢と苦悩に寄り添い、信頼関係を構築しながら金融機関の持つ人材、情報をフル活用して顧客を成長に導く取引を「リレーションシップ・バンキング（リレバン）」という。真のリレバンを実践しようとするバンカーとはどういう者か。吉澤から学ぶものがあるとすれば、「謙虚さ」と野球で培った「不屈のチャレンジ精神」、そして目の前の光景に素直に感動し、思わず録画した「人間らしさ」そのものだ。

金融排除とは「貸せる」「貸せない」の問題ではない。

銀行員である前に、一人の人間であることを忘れては、人とまともに向き合えるはずがない。人間性を失い、相手を思いやる想像力を捨てた時、それが金融排除になるのだ。

第二章　金融排除とは何か

筆者が取材で何かと頼りにしている人物がいる。メガバンクでの融資経験が豊富で、ニュースの先を読む慧眼《けいがん》を持っている。この人物はかつて筆者に「貸出先なんてない。どこも借りてくれないのが実態だ」と金融排除を真っ向から否定した。

しかし、しばらく経《た》って、銀行を離れたこの人物と話した時、「前に『金融排除なんかない』と言ったが、あれは撤回する。そこかしこにあるよ。銀行はごく限られた事業者しか見ていないんだ」と、ふいに語り始めたのだ。

この慧眼の持ち主にして、銀行員時代に長らく見抜けなかった金融排除の闇とは一体何だろうか。第二章では金融排除そのものを考える。

「日本版金融排除」とは

金融庁が「日本版金融排除」という用語を初めて使ったのは、2016事務年度の金融行政方針だ。金融行政方針とは、金融庁がその事務年度の行政を運営していく上において、どのような問題意識と施策を実行していくのかを示す、いわば金融行政の年度計画書だ。

当然、現実の施策になるのだから、金融機関には極めて大きな影響力を持っている。金融庁はどのような定義で、金融排除という用語を使ったのだろうか。

16事務年度の金融行政方針のⅣ「金融仲介機能の十分な発揮と健全な金融システムの確保等」に書かれている。

人口の減少や高齢化の進展、FinTech等の技術革新の動き、世界的な長短金利の低下等、金融機関の経営環境は大きく変化しており、例えば、横並びで単純な量的拡大競争に集中するような銀行のビジネスモデルが限界に近づいているなど、従来型のビジネスモデルでは競争力を失う可能性がある。(中略)人口減少が継続する中で、全ての金融機関が貸出規模の拡大により収益を維持することは現実的ではなく、資産規模をコントロールしつつ、より安定的な収益基盤の構築を行うことが重要となってきている。

このような経営環境の一過性ではない変化に直面した時、取るべき答えは明らかだ。環境が変わってくれないのであれば、自らが変わるしかない。「持続可能なビジネスモデル」を打ち立てられなければ、行政方針で指摘した通り「**足下の健全性には問題がなくても中長期的にはその経営基盤が損なわれるおそれがある**」からだ。

では、地域金融機関にとって持続可能なビジネスモデルとは何か。行政方針は、一つの考え方として、「**顧客との『共通価値の創造』**」を挙げた。問題は、その顧客とは「誰か」だ。

大手銀行、地方銀行、第二地方銀行、信金信組がまさか同じ顧客をターゲットにしているわけではあるまい。同じ顧客を奪い合うならば、まさにオーバーバンキングだ。

この行政方針では、具体的重点施策として、「日本型金融排除」の実態把握に乗り出すことを掲げた。なかなかの名文で分かりやすいと思う。いま少し、引用を続ける。

融資に関して、金融機関からは「融資可能な貸出先が少なく、厳しい金利競争を強いられている」との主張がなされている。他方で、昨事務年度に実施した企業ヒアリングでは、顧客企業からは「金融機関は相変わらず担保・保証が無いと貸してくれない」との認識が示されるなど、金融機関と顧客企業との認識に大きな相違があることが明らかになった。

このように、金融機関と顧客企業双方の認識に相違が生じている背景には、金融機関が、企業の事業内容を深く理解することなく、「十分な担保・保証があるか」、「高い信用力があるか」等の企業の財務指標を中心とした定型的な融資基準により与信判断・融資実行をすることで、そうした基準に適う一部の企業に対して融資拡大への過当競争が行われているのではないか、との指摘もある。

担保・保証がなくても事業に将来性がある先、あるいは、足下の信用力は高くはないが地域になくてはならない先は地域に存在する。企業と日常から密に対話し、企業価値の向上に努めている金融機関は、地域の企業・産業の活性化に貢献するとともに、自らの顧客基盤の強化をも実現させていると考えられる。そこで、各金融機関の融資姿勢等について、金融機関と企業の双方からヒアリング等を通じて実態を把握する。具体的には、十分な担保・保証のある先や高い信用力のある先以外に対する金融機関の取組みが十分でないために、企業価値の向上が実現できず、金融機関自身もビジネスチャンスを逃している状況（「日本型金融排除」）が生じていないかについて、実態把握を行う。

金融機関の貸し出し、すなわち「与信判断」の審査基準・プロセスが金融排除を前提としたものとなっていないか、企業の事業内容や将来性を見極めた「事業性評価」の結果に基づく融資が果たしてできているのか。問われているのは融資だけではない。返済猶予先（リスケ先）などの事業再生が必要なところに、コンサルティングや事業再生支援を講じているのか。融資後に「見捨てる」「見て見ぬふりをする」ということも、金融排除にほかならない。

なぜ森金融庁長官は「金融排除」を思いついたのか

金融庁長官を異例の3期続投となった森信親が、なぜ金融排除の問題意識を持つに至ったのか。この背景を掘り下げなければ、今起きている現象、これから起こることを理解することは到底できない。

03年から3年間のニューヨーク総領事館での駐在時代、森はかつてのどの財務官僚よりも多く金融関係者と面談を重ねることを自らに課し、精力的に面談していた。

ニューヨークで業績を伸ばしていた、ある米地方銀行の幹部と面談した時のことだ。

「ニューヨークにはJPモルガン、シティバンク、ワコビア（現ウェルズ・ファーゴ）など名だたる金融機関がある。どうしてあなたのような地方銀行に成長できる余地があるのですか」

森が、激戦地ニューヨークでの成長の秘訣《ひけつ》を質問したところ、地銀幹部は、こともなげにこう答えた。

「スピードですよ。ああいった金融機関は決断に時間がかかるんです。この街のイタリア料理屋がどうか、という地元のことならウチは何でも知っています。だから融資、決裁のスピードが断然に速いのです。いざという時のスピードのために、普段から熟知しておくことを欠かさないのです」

森は、帰国後に知り合ったゴールドマン・サックス証券で副会長を務めた佐護《さご》勝紀《かつのり》（現ゆうちょ銀行副社長）と面談した時も同じような話を聞かされた。

ゴールドマン・サックスが6〜7％の金利で、ローンを出す案件があった。実態を把握すればほとんどリスクはゼロだったが、どの銀行も断った案件だったという。

森は、なぜ日本の銀行が手を出さないのか不思議に思い、尋ねた。佐護は答えた。

「銀行は、自分たちの『パターン』ではないから貸せないのです。そのケースごとのリスクや実態を見るということができないということです」

まだある。

米国ではファンドが小口ローンを出す場合がある。ある日本のプライベートエクイティファンドの関係者が森を訪ねてきて、日本でもローン事業に挑戦する考えを示した。

「日本では、過当競争だから貸すのは難しいかもしれませんね」

と、森も答えて、何気ない会話を交わしていた。

3年後、同じ人物が森を訪ねてきた。

「あれだけ貸せるところはないと言われていましたが、結構貸せましたよ」

と、笑顔でビジネスの成功を報告しに来たのだ。このファンドは事業再生が専門で、再生途上の企業を見極めて、いくつもの貸し出し案件を発掘してきたのだという。

銀行は、担保・保証があり、他行が融資している先に低金利の肩代わり融資競争しか仕掛けてこないので、そもそもライバルにすらならないのだ。

さらに森は、ある大手銀行幹部から、元横綱の稽古場の建設に融資した話も聞いていた。稽古場を建てたいという元横綱に対し、取引銀行が「担保が不足している」と融資を拒んだのだ。そこで、この大手行は、親方（年寄名跡）の質権設定によって、親方に融資し、稽古場を建てることができた。親方は大変喜んだという。

森の手元に寄せられる苦情でも、似た事例がいくつも挙げられていた。森は直接介入しないにしても、

（発注済みで、お金が入ることも確実なのに、どうしてこれに貸せないのか。信用力が足りないという判断だが、ちょっと考えればチャンスは転がっているのではないのか）

との疑問を抱いてきた。

「実態を調べろ！」

16年5月、金融庁が中小企業など751社に対するヒアリングや、従業員が1～20人の小規模企業2460社へのアンケートで、金融機関の対応や評価を聴き取った調査結果が取りまとめられた。銀行の実態を把握するには、銀行に話を聞くだけでは不十分で、事業者がどう銀行

を見ているのかを知らなければならないからだ。

驚くべき結果が出た。調査結果では、企業ヒアリング751社のうち30社（3・9%）、企業アンケート2460社のうち88社（3・6%）が「信用保証協会の保証が得られなかったことで、金融機関から融資を断られたことがある」と回答したのだ。

確かにいずれの割合も、全体の4%に満たない。しかし、何より重要なのは企業がこのように認識した上で調査に回答しているという点だ。つまり、銀行などから「信用保証協会に打診をしたが、保証できないと回答されたので、融資しません」と、明確に通知されたことを意味している。

言い換えれば、「自分のところで融資（プロパー融資）することなどみじんも検討していない」と意思表示した金融機関が少なくともこれほどいるのだ。

意思表示していない（常識的にはこちらが多いと推察されるが）案件も考えると、相当数に上るかもしれない。つまり、保証付き融資でしか対応するつもりがないということだ。これもある意味の排除である公算が大きい。なぜならば、少しのプロパー融資も検討しないということは、借り手が返済困難に陥ったら、ただちに保証協会に代位弁済させて、立ち去ることを前提とした取引だった疑いが否定できないからだ。

大きな誤解がある。「貸す＝金融包摂、貸さない＝金融排除」という図式は必ずしも正しくない。また「担保と保証がなければ貸さないのは当たり前ではないか」と思う読者がいるかもしれない。しかし、自分だけが都合の良い条件で貸し出し、経営改善に何ら手を貸すことなく、状況が悪くなれば保証協会に弁済させて逃げ出す。さらに、その結果、保証協会も回収できなかった分は国民負担にツケを回す金融とは一体何なのか。

「貸し渋り解消」に名を借りた、無責任以外の何物でもない。

この金融庁の調査結果が一つのきっかけとなり、信用保証制度を利用する際に、プロパー融資を義務付ける見直しの議論に繫《つな》がった。

もはや金融庁も「担保や保証に依存した融資」ではなく、「担保と保証しか見ていない」という実態があることを認めざるを得なかった。こうして日本版金融排除という言葉が生まれた。

金融排除は、海外では人種や貧困層という理由で銀行が貸し出しや口座開設を拒否することを指す。「日本版」とわざわざ枕詞《まくらことば》をつけたのは、企業の事業性を判断する「目利き力」が失われ、担保と保証がないというだけで事業者に貸し出さないために、顧客基盤が先細り、しまいには自らの収益力さえもなくなったという、日本ならではの問題の特徴を指しているのだ。

16年5月下旬、金融庁内で、ついに森の指示が飛んだ。

「金融 exclusion（排除）の実態を調べろ！」

5月27日に開催された地域金融に詳しい有識者を集めた「金融仲介の改善に向けた検討会

議」でも、森はメンバーを前に金融排除の実態を調査することを宣言した。

一気通貫調査

森の指示を受けて金融庁内部で検討が進められ、17年1月から2月にかけて行われたのが、通称「一気通貫調査」と呼ばれるものだ。金融排除調査と銘打たなかったところが興味深い。

これまで、金融庁は銀行、信金信組と業態ごとに区分したり、個別金融機関の問題にフォーカスして検査や調査を実施してきた。しかし、金融排除の病巣を突き止めようとするのならば、個別の金融機関だけをいくら調べても消化不良に終わる。

金融排除の実態を把握するには、地銀、第二地銀、信金信組が様々な形態で混在する「ありのままの金融仲介の実態」を地域全体として捉《とら》えなければならない。なぜならば、金融排除とは、そうした金融機関群すべてから見捨てられた現象のことを指すからだ。

そもそも、どうして事業者が域内のすべての金融機関から見捨てられるという「ポテンヒット」が生じてしまうのだろう。本来、異なる役割と守備範囲があるはずの金融機関が、同じビジネスモデルで不毛な消耗戦を繰り広げているから排除が放置されるのだ。いわば、「横ぐし」ならぬ「縦ぐし」で、地域トップ地銀から信金信組に至るまで、一気通貫に地域金融を同時に見なければ、排除の実態に迫ることはできない、という問題意識から実施された調査だ。

第1陣として、2つの地域が選定された。茨城県、もう一つは静岡県だ。金融庁は調査結果を非開示としているが、関係者への取材を通じた筆者個人の見解を次に述べる。

茨城県には常陽銀行、筑波銀行、茨城県信用組合、水戸信用金庫などが存在している。常陽銀行の県内シェアは50％と圧倒的な存在だ。しかし、エース級は東京などの首都圏に重点的に配置され、人材は「東京シフト」が敷かれている。語弊を恐れず言えば、エース不在でも、地元でシェア50％を取れてしまうガリバーなのだ。

一方、筑波銀行は公的資金の資本注入を受けている地域二番手行だ。公的資金の注入行は、定期的に金融庁に対して、注入後の経営状況について報告しなければならない。金融機能強化法に基づいて注入されているため、かつてのような財務健全化と公的資金の早期返済が目的ではない。中小企業の支援のための行動と成果が問われている。

しかし、筑波銀行の公的資金は不良債権処理に使われ、本来の趣旨である中小企業の事業再生などには十分活用されていないという指摘が金融庁内部でもあるようだ。

つまり、常陽銀行がエース級を県外に配置し、筑波銀行は事業再生や創業支援よりも、不良債権処理を優先させているとしたらどうだろう。

さらに両行は、いずれも信金信組が得意とする零細事業者、個人の優良先への取引拡大というビジネスモデルを展開しているため、本来の守備範囲であるはずの中堅、中小企業のうち業況が苦しくなった先には、必要な人的リソースが割かれていないのだ。

金融庁は、ここに金融排除の可能性があるとにらんでいるのではないだろうか。

もう一つの静岡県は、静岡銀行がトップに君臨し、清水銀行、静岡中央銀行、そして預金量が1兆円を超える浜松信用金庫を筆頭に、しずおか信用金庫など有力信金が連なる。

スルガ銀行は外資系金融機関に勤める人など普通の銀行が融資をしない層をターゲットに、収益力のあるユニークなビジネスモデルを構築しており、地域金融エコシステムの文脈で語るのは難しく、ここでは割愛する。

静岡市の推計人口は、政令指定都市では初めて70万人を割り込んだ。同じ静岡県内の浜松市は80万人を上回っているにもかかわらずだ。すべてを金融機関に負わせるのは酷だが、雇用を創出する事業会社を育むという点において、人口減少の責任の一端は免れない。

静岡銀行の県内シェアは、なんと30％台だ。全国有数の地銀にしては、かなり低い。これは地元の信金の存在感があるためだ。このため信金の顧客を奪い取る方針を掲げ、トップダウンの指示によって正常先の下位、要注意先などの「ミドルリスク先」の開拓を推進するということに建前上はなっている。

しかし、肝心の現場の営業店では、リスク回避志向が依然として根強く、本部の思い通りには動かない。そもそも何のために地域一番手の地銀が、信金と親密に取引している企業にわざわざ攻め込んでいく必要性があるのか。効率の悪い営業に、行員は納得しているのだろうか。筆者には逆の意見も聞こえてくる。

また、清水銀行は物流、航空産業を展開する鈴与《すずよ》の下請け企業との関係が深い。他方、他の中堅企業との取引拡大も模索しているが、資本面で余裕がなく、さらなるリスクテイクは困難な情勢だ。静岡中央銀行はさらに規模が小さい。かといって規模の小ささを生かした小回りの利くビジネスモデルを構築できているかと問われれば、疑問符がつくだろう。

営業ノルマを廃止し、顧客の課題解決などプロセスを重視した人事制度に切り替えた浜松信用金庫は、浜松市内で静岡銀行と五分の戦いを繰り広げている。浜松信金は磐田信用金庫と19年2月に合併し、堅固な顧客基盤をさらに深掘りしていく構えだ。

茨城と静岡に共通するのは、トップ地銀、二番手行の「守備位置」が明確になっていないという点だ。特に二番手行のビジネスモデルの差別化が立ち遅れているため、結果的に地域金融のエコシステムが機能せず、金融排除を生み出す構造的な問題となっているのだ。

東京、大阪、名古屋の三大都市圏は、国内総生産（GDP）の4割を占める。東京の場合、金融仲介のメインプレーヤーは、地銀ではない。メガバンクだ。二番手も実は地銀ではない、総資産残高が1兆円を超えるメガ信金だ。そのさらに下にようやく地銀が来る。

大阪、名古屋でも地域性はあれども、メガバンクの存在は無視できない。つまり金融行政は業態で対応していくだけでなく、むしろ地域ごとのエコシステム（生態系）に沿って、金融排除と金融包摂の実態を見ていかなくてはならない。

地域差は大きい。県庁所在地の行政市は、大抵、地元地銀をメインプレーヤーとして認識している。しかし、北海道の稚内《わっかない》や広島県の呉《くれ》などの県庁所在地以外においては、メインプレーヤーが地銀ではなく、信金である場合もある。

地域といっても千差万別だ。金融行政は、地銀改革だけやっておけば、中小零細事業者の問題が片付くと考えているとしたら、それは大いなる勘違いだ。

中小事業者8900社の声

金融庁は同時並行で、さらなる裏付けの調査も進めた。17年前半に実施した中小事業者3万社のアンケート調査だ。

16年に実施した2460社のヒアリング調査を遥かに上回る8901社の回答を得た。

今回の調査は、事業者が取引のある上位5つの金融機関を対象に、融資姿勢などを聞いた。

金融庁では極秘扱いとなっているが、当然、各金融機関の顧客支持率も集計した。営業ノルマを廃止して、顧客の課題解決への取り組みに人事評価制度を連動させていたり、本業支援に全行を挙げて取り組んでいる銀行ほど支持率が高く、貸出金利の優位性があるようだ。

アンケート結果によれば、「担保・保証がないと貸してくれない」と感じている割合が40%、債務者区分が「要注意先」では54%がそう感じていることが分かった。「資金繰り悪化時の支援状況」では、過去1年以内に資金繰りに困ったことがある事業者は23%（要注意先になると45%）になるという。このうち、メインバンクから「新規融資」を受けたことがある割合は、正常先上位で73%、正常先下位で53%、要注意先で29%と、債務者区分が下位になるほど、メインバンクから「特段支援を受けていない」割合が増加した。

金融機関と企業のコミュニケーションについても、債務者区分が下位になるほど「あまり訪問がない」「まったく訪問がない」という割合が増加した。例えば非メインバンクの場合、正常先上位の事業者の71%が「担当者の定期的な訪問がある」と述べているのに対し、要注意先以下では、「あまり訪問がない」が29%、「まったく訪問がない」が23%だった。

格付けが低いというだけで、事業者は金融排除される傾向があるのだ。

ただ、悪い内容ばかりではない。5756社による1万2129件の回答のうち、金融機関による販路拡大支援などの融資以外のサービス提供が「非常に役に立った」と回答したのは1987件だった。さらにこのうち、なんと69%がその後、金融機関からの借り入れ拡大を実施したのだという。

売上高が増えれば、仕入れ、残業時間、雇用などにかかる運転資金が比例して増えるのだから、金融機関による短期継続融資が伸びて当然だ。販路拡大支援で、これまで潜在的な資金需要のままだったものが、現実の資金需要として顕在化したのだ。これこそ資金需要の創出であり、形を変えた金融排除の克服だ。

「企業が提供を期待するサービス」のトップは、正常先の企業では「人材育成」が43％、要注意先以下では「販売パートナーの紹介」が41％だった。

調査では政府系金融機関についても触れている。回答企業7736社の半数近く、正常先上位でも40％が政府系金融機関と取引をしていた。

そもそも政府系金融機関は、民間金融機関の補完的役割を期待されているはずだ。しかし、正常先の上位で、政府系が取引しなければならない理由は何か。金融包摂の領域の過当競争、裏返せば金融排除を政府系が助長していることに他ならない。

3664社が政府系と取引した理由について回答している。「民間金融機関も支援してくれたが、政府系金融機関の方が借入れ条件が良かったから」が最多の59％に上った。つまり、低金利競争を仕掛けているのは政府系ということだ。この政府系とは、国からの利子補給がある「危機対応業務」を必要のない優良企業にも乱発して、行政処分を受けた商工中金のことを指しているのは論ずるまでもない。

国という圧倒的な信用力を背景に、民間金融機関の低金利貸出競争を激化させた責任は極めて重い。完全な民業圧迫だ。結果的に金融排除を助長したとも言える。商工中金は、中小企業の事業再生など民間金融機関が排除しがちな領域で、民間金融機関を補完するビジネスモデルを構築できるのか。「解体的出直し」（世耕弘成経産相）が問われる。

「オーバーバンク」か「オーバーディポジット」か

本書の冒頭、「オーバーバンキング」という言葉について触れた。

日本では、事業者、個人の資金ニーズに対して、金融機関の数が多すぎるという「オーバーバンキング論」が、再編統合を推し進めるための大義名分とされてきた。

しかし、そもそも多すぎると言われている日本の銀行、信金信組の数は、500程度に過ぎない。一方、人口3億人強の米国では銀行が6000弱、信金信組（Credit Union）も6000弱存在している。人口8200万人強のドイツでは、銀行、信用組合の数は計1900弱だ。

これは、人口対比でも国内総生産（GDP）対比でも説明のつく話ではない。金融機関の数だけで言えば、日本はオーバーどころか、過小ですらあるとも言える。問題は、数そのものではない。その感覚がどうして生まれるのか、だ。

銀行の数が多いなどという単純な問題ではない。長期のデフレを背景に貯蓄志向が極端に強まり、結果、運用しきれないほどの過剰預金を銀行が受け入れてしまっていることが本質的な問題なのだ。「オーバーバンキング」ならぬ「オーバーディポジット（過剰預金）」が元凶なのだ。裏返せば、金融業界、金融行政が顧客本位の資産運用を軽視し、「貯蓄から投資」ではなく「投資から貯蓄」の流れを助長させてしまったことが、銀行経営を窮地に追い込んでしまったとも言える。

そして、決定的な追い打ちをかけたのが、リーマン・ショック後の世界的な低金利現象だ。このために、単に短期で資金を調達して、長期で運用していれば利ざやが稼げた時代の銀行の「ALM」(Asset Liability Management) 経営が完全に通用しなくなった。

こうした状態にもかかわらず、ほとんどの金融機関は、担保・保証があり、優良な格付けの顧客としか取引しない金融排除のビジネスモデルを変えなかった。

このため、貸出金利を引き下げ続ける付加価値のない競争に陥ってしまった。限られた顧客を奪い合うのだから、過剰感が増幅するのは当然だ。

もちろん、言い尽くされてきたことだが、重厚長大産業の成長を間接金融だけでけん引した時代が終わったということも背景にある。経済・金融の危機的状況下では、一時的に間接金融への依存度は強まるが、事業会社は間接金融だけではない多様な資金調達のチャネルの確保に常に備えてきた。変わっていないのは間接金融神話という銀行の頭の中だけだ。

日銀は、デフレ脱却のための金融緩和策として、銀行から国債などを買い上げ、大規模な資金を供給してきたが、物価上昇率は期待通りには上がっていない。上昇率の達成時期の後ろ倒しの理由について、日銀は家計の節約志向と値上げに対する企業の慎重姿勢などを挙げている。

しかし、肝心の金融仲介の現場では、銀行が、担保と保証があり、格付けの高い、限られた企業としかそもそも取引するつもりがない金融排除を続けているのだから、日銀がいくら銀行にお金を流したところで世の中に広く行き渡るはずがない。84頁の図を見れば分かる通り、金融排除を克服せずして、金融緩和の効果が十分に発揮されることはないのだ。

金融排除の銀行は、「まともな付き合い」をする金融包摂先の顧客以外には、貸し出しはもちろん、経営改善をサポートし、生産性を向上させ、資金需要を創出することに手を貸す気などサラサラないのだから。

そうして行き場を失った資金は、アパートローン、カードローンなどに流れた。また、証券会社のセールストークを鵜呑《うの》みにした地銀が、欧州の高リスクの債券、米国の地方債など、リスクをコントロールできるはずもない外債運用に手を出し、損失を出したのだ。

人口減少時代の地域金融のあるべき姿からも、日銀の金融政策というマクロ面から考えても、金融排除の克服こそが、避けて通れない日本経済の根源的な課題なのだ。

金融排除を続ける地銀の再編に未来はあるのか

17年11月10日、森金融庁3年目、２０１７事務年度の金融行政方針が公表された。地域金融機関について次の記述が示された。

顧客である地域企業をみると、厳しい経営環境に直面する中で、経営改善や事業再生、事業承継等が必要な企業が多数存在している。こうした地域企業の中には、例えば、どのような経営計画・戦略を描き、それをどのように実現し、その実現のためにはどのような人材を確保すればよいのか、また、適切なファイナンスとは何か、などが分からず、自身の価値向上が実現できていない先も多いと考えられる。また、企業アンケート調査の結果によれば、地域銀行は、総じて、こうした企業への金融仲介の取組みが不十分であるなど、「日本型金融排除」が生じている可能性が窺われた。

地域企業の真の経営課題を的確に把握し、その解決に資する方策の策定及び実行に必要なアドバイスや資金使途に応じた適切なファイナンス（短期継続融資、メザニン等の資本性資金、公的金融との協調等を含む）の提供、必要に応じた経営人材等の確保といった支援を組織的・継続的に実践し、地域企業の適切な競争環境の実現に取り組むことが、ひいては自身の持続可能なビジネスモデルの構築につながる地域金融機関は多いと考えられる。

「日本型金融排除」のイメージ

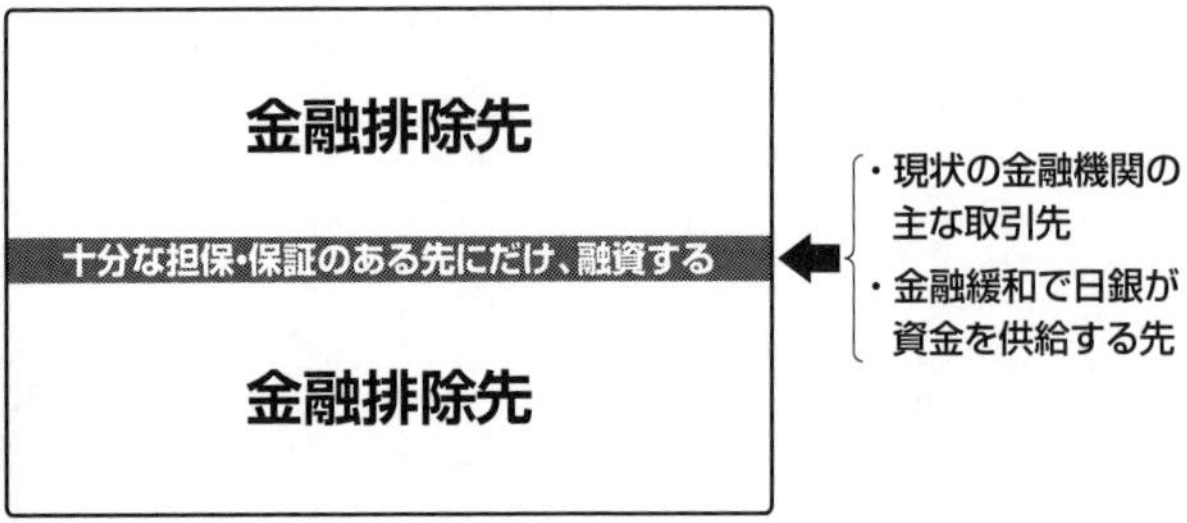

「2016事務年度金融行政方針」を参考に作成

上の図は、金融庁が16事務年度の金融行政方針で示したものを参考に筆者が作成した、日本型金融排除のイメージ図だ。

つまり、銀行などほとんどの金融機関は、担保と保証があり、信用リスクを評価する内部格付けで「正常先」のうち、「上位」に分類された顧客しか相手にしていない。「金融包摂」のゾーンに該当する事業者としか、まともに取引するつもりはない。

この狭い包摂の領域に500金融機関が同じビジネスモデルで密集しているからこそ、同じ顧客を低金利で奪い合う果てしない過当競争が生じ、「オーバーバンキング」という感覚が湧いてくるのだ。オーバーなのは金融機関の数ではない。同じビジネスモデルの金融機関がオーバーなのだ。

この金融排除の構造的な問題を放置したまま、再編統合を推し進めたところで、結局のところ顧客が増えなければ、経済的に大した意味はない。問われているのは、顧客を成長に導き、資金需要を創造する課題解決型のビジネスモデルだ。

持ち株会社方式で経営統合した地銀グループのどれ一つとして、金融庁内で成功事例として取り上げられない。それどころか、県境をまたぐ持ち株統合方式は失敗に終わったとの空気が金融庁内部にも出てきているのはなぜか。

今の「ブーム」は、同一域内の合併形式の再編だ。長崎の十八銀行と親和銀行（ただし、資本が県外のふくおかフィナンシャルグループという点が特異なケース。現在は膠着《こうちゃく》状態に）、三重銀行と同じく三重の第三銀行、新潟の第四銀行と北越銀行、大阪が地盤のりそなグループの近畿大阪銀行と関西アーバン銀行、東京が地盤の東京ＴＹフィナンシャルグループ傘下の八千代銀行と東京都民銀行……。

しかし、再編は、流行《はや》りでするものではない。統合してから考えるビジネスモデルほど当てにならないものはない。統合は、優位性がはっきりしたビジネスモデルでするべきものなのだ。

筆者は講演などで、「再編統合は離婚できない結婚だ」と、常々指摘している。金融機関の経営戦略の根幹と言ってもいい自己資本という「財布のひも」が一つになると、良くも悪くも経営を制約することになる。まず、自己資本を毀損《きそん》するリスクのある創業支援や事業再生などが滞ることが容易に想像できる。

なぜならば、価値観やDNAが異なる相手と一緒になれば、創業支援や事業再生などのリスクテイク、店舗の統廃合、人事のスリム化に対して、統合の相手に何のしがらみも忖度《そんたく》もない決断ができなくなるからだ。必ず統合した相手との駆け引きやけん制、足の引っ張り合いが始まる。「主導権争い」「ポスト争い」「巻き返し」は、世の習いだ。

こうした人間の本性をさらけ出した不毛な争いが、膨大な時間と労力を浪費させる。財務諸表には表れない、数値化できないコストが経営の足を引っ張るのだ。

だからこそ、森金融庁は、目先の再編よりも、持続可能なビジネスモデルの構築を急ぐように求めた。ビジネスモデルなき規模追求型の再編は、結局は経費（あるいは見えない時間、労力のコスト）を生み、収益力である総資金利ざやを圧迫していく。地域社会のリスクを背負えず、広範な地域の顧客にこれまで以上の深掘りしたサービス提供もできず、変化に機動的に対応できない「図体のでかい金融機関」は、むしろつくるべきではないのだ。

人口減少、金利変動というリスクと向き合い、急速に進化するIT、AI、フィンテックに対応して、店舗戦略、人事戦略をどのように変革していくのか。コスト削減と営業力の強化をどう両立させるのか。何よりも迅速な経営判断が求められる時代において、再編の副産物である社内政治や駆け引きに時間を取られている場合ではないのだ。

排除は、そこかしこに存在する

金融排除は、そこかしこに存在する。実は、優良企業に対しても排除はある。

例えば、無借金会社は排除先だ。

信用保証協会を使った保証付き融資や、他行からの低金利での肩代わりなど、貸し出しの営業ノルマを背負わされた銀行員は、無借金会社には営業に行かない。借りてくれるかどうか分からず、効率が悪いからだ。自身の人事評価のためには、「無駄なこと」に費やしている時間はないのだ。

しかし、無借金会社に資金需要がないと思うのは早計だ。当然、事業者として様々な悩みを抱えている。最たるものは売り上げ、販路の拡大だ。こうした事業者は、銀行などの金融機関に対して、売り上げを伸ばすための販路の開拓やキーマンとなる人物の紹介を期待している。他にも新たな倉庫、物流拠点の確保、原材料の調達先、技術力のある下請け事業者など、無借金会社が喉から手が出るほどほしい案件や人材は山のようにある。

こうした事業者は、付加価値のない低金利融資などには、何の魅力も感じない。一方で、商売にタダという話がないことも、才覚ある事業者ならば分かっている。売り上げに貢献してくれるのであれば、あるいは優良な案件、人材を紹介してくれるのであれば、それなりの金利を付けた借り入れをすることも厭《いと》わない。そうした無借金の事業者は、筆者が地方をまわる限りでも、数多く存在した。

なぜ、金融機関がこの「金融排除先」のブルーオーシャン（未開拓市場）を狙わないのか。競争がなく、顧客との長期信頼と金利というリターンも望めるはずなのに――。

筆者が知り合った、ある関西の日用雑貨メーカーは年商60億円、経常利益は6億円ほどもあり、手元資金は20億円を超えるという。立派な無借金会社だ。

それでもこの社長は、月次の業績推移を金融機関に持参しているという。「万が一の時に、何も知らないではすぐには取引ができないと思う。知っていただくためにウチから説明に行かせていただいている」のだという。

この社長は、銀行との面談のたびに、販路、売り上げの拡大のための協力を求め続けてきた。しかし、営業ノルマを負わされている銀行員が振り向くはずがない。

「銀行は『素晴らしい業績です』と言うだけで、ただの一度も販路拡大の提案をしてくれたことはなかった。失望した。商売をする気がないとしか思えない」

金融排除された世界では、事業者は自己資金のほか、企業間の融通、街金やサラ金、売掛金の現金化、クラウドファンディングなどの様々な手法で資金を調達している。

ノンバンクからの借り入れの場合、条件によって異なるが10％を超える金利となる場合が多い。実際、銀行が猛烈に推進してきたカードローンもこの部類に属する。いつから銀行業は、事業性で判断する融資で金融排除をして、カードローン事業で稼ぐ商売になったのか。

ベンチャーや貿易、飲食店業者が融資の相談に来ただけで、銀行員は身構えるという。

「どのように融資をお断りするのか、どのようにより高い金利のカードローンに誘導するのか、必死に頭をめぐらしている」

のだという。

ある事業者の担当税理士は筆者に語った。投資信託などの金融商品を買わせるために、カードローンを組むように持ちかけてきた銀行もあったと。信じ難い話だ。

優良顧客にも排除はある

銀行の取引先に対してすら、つまり「包摂先」に対しても排除は存在する。例えば「スピード」だ。

銀行が融資を決める場合、担保や保証の手続き、審査、決裁などに時間を要して、通常3週間から1カ月近く経たないと融資に応じることはできない。一方、事業者にとって重要なのは、必ずしも金利の低さとは限らない。スピードも非常に重要な要素だ。

当然、スピード決裁にはリスクが伴うため、貸出金利も相対的に高くなる。しかし、銀行はスピードには対応できない。スピードは「排除」だ。ビジネスモデルとして排除しているのだ。業種の排除も珍しくない。

旅館業は基本的に排除だ。ある銀行の格付け審査では、旅館業はマイナス9点から始まる。マイナス10点になると即一格下がり、融資が難しくなるのだ。スナックは排除だ。飲食業の運転資金も介護事業者も太陽光発電業者も宝飾業者、エンターテインメント業界も原則排除だ。貿易業など支払いのサイト（期間）が長い業種も排除予備軍だ。途上与信管理自体が「面倒なコスト」と認識されてしまっているからだ。

すべては担保と保証次第だ。

担保・保証が十分ではない創業は、原則排除だ。かつての金融円滑化法で返済猶予を受けた事業者も、格付けが要注意先以下に落ちているので排除だ。

だから全国で40万社のリスケ先が、何の経営改善もないまま放置されている。従業員の数は100万人を遥かに超えるだろう。まともな感覚では、考えられないことだ。

「IKEUCHI ORGANIC」や「深廣」のように、本業がしっかりしていても、売掛債権の回収ができなかったり、詐欺まがいの行為による「巻き込まれ事故」だったとしても、一度でも法的整理を適用すれば排除である。

語弊を恐れず言えば、もはや人間扱いはされない。再チャレンジは許されない。

よく金融機関は「自分たちは黒子ですから」と自らを謙遜する。言葉通りであるならば、地域で最もリスペクトされるべきは、生産し、サービスを提供し、雇用し、納税し、リスクを背負う事業者であるはずだ。

しかし、現実は異なる。担保・保証次第ということは、創業支援も事業再生も排除なのだ。批判を封じるもっともらしい「預金者保護」「株主利益」の名を借りて、地域経済を支える事業者に対し、背を向け、逃げているだけなのだ。

金融排除はなぜ広がったのか

どうして金融排除が深刻化したのだろうか。

それは金融庁の一気通貫調査でも明らかになった通り、ビジネスモデルの多様性が失われたからだ。自然界で言えば、生物多様性が失われ、エコシステムのバランスが崩れたからだ。

では、多様性が失われた理由を考えなければならないが、次の点が重要だったと思われる。

・金融庁が金融検査マニュアルによってすべての預金取扱金融機関に融資先の債務者区分の判定を行わせ、かつそれを金融検査で厳しく検証した。結果、企業からするとどの金融機関から借りても同じ債務者区分をつけられるため、金融機関取引の多様性が失われた。

・債務者区分にとどまらず、不良債権の徹底的な処理を進めたために、ほとんどの金融機関が、担保と保証を前提とした取引しか行わない金融機関に変質した。そして預金取扱金融機関のビジネスモデルが均質化した。
・相互銀行が普通銀行に転換し、第二地方銀行となって地銀業界になだれ込んできた。

ここで識者の見解を紹介する。30年以上もの間、地域金融にかかわり、今なお、金融庁の複数の有識者会議のメンバーも務め、地域金融行政の政策決定にも重要な役割を果たしている一般社団法人地域の魅力研究所の代表理事多胡《たご》秀人《ひでと》の証言だ。

多胡によれば、金融排除が深刻化した理由は、次の3点だという。

①不良債権問題で痛手を負い、その反動でリスクを取らない体質になった

「そもそも地方銀行は旦那《だんな》衆として地域における産業金融を供給し、地域産業を育成してきたという長い歴史があります。いわば当然の使命としてリスクテイクをしてきたのです。また、今の第二地銀もその前身は無尽会社《むじんがいしゃ》（＊筆者注―後述）というものでしたが、これも地域経済の発展のためにという理念で資金供給をしてきました。さらに信金信組は相互扶助の精神で、地域における小規模零細事業者への金融仲介を担ってきたのです。生い立ちは違えども、

それぞれの地域金融機関が地域経済の発展のためにリスクマネーを供給し続けてきたことは間違いありません。これこそが地域金融機関の本来の姿であり、根本的な存在理由なのです。経営理念にもしっかりと書き込まれているはずです。

ところが１９９０年代に、多くの金融機関がノンバンク向け融資や不動産融資などに傾斜してバブル崩壊とともに巨額の不良債権を抱えることになったのが転換点となりました。バブルの深みにはまった相当数の地域金融が退場しました。

その後は、不良債権の後遺症から地域金融機関の多くは担保・保証に過度に依存した融資姿勢に凝り固まり、石橋をたたいても渡らない体質になったのです」

②経営者の問題

「そうした崇高な経営理念から外れても、意に介さない経営者が増えてしまった点も見過ごせません。かといって経営理念を変えるわけでもないので、より悪質です。地銀だけでは零細事業者までカバーしきれません。その担い手であるはずの信金信組が役割を果たせませんでした。

なぜならば地元経済・社会に向かい合わない経営をしてしまったために不動産や有価証券で失敗し、数が減ってしまったからです。信金信組といった協同組織金融機関の数が減ることで、零細層への貸し手がいなくなってしまった。結果、金融排除が深刻化したのです」

③大盤振る舞いの政府保証

「事業者が返済困難に陥った時、信用保証協会が銀行に代位弁済するという信用保証制度が金融危機、リーマン・ショックの二度にわたって極端に肥大化したことも、金融排除の温床となりました。中小企業のための『貸し渋り解消』という美名のもとで、信用保証枠は適正規模以上のものとなり、結果、銀行の企業の事業性を見極める『目利き力』が退化し、ノーリスクで太り、中小企業がおかしくなったのです」

銀行法第1条「国民経済の健全な発展に資する」

2017事務年度金融行政方針に興味深い記述が示された。

持続可能なビジネスモデルが構築できていない金融機関に対しては、対話により自主的な経営改善を促しているが、金融機関において抜本的な改善策が講じられなければ、将来的に健全性が深刻な問題となる。地域の企業・経済に貢献していない金融機関の退出は市場メカニズムの発揮と考えられるが、他方、退出によって、金融システムへの信認が損なわれたり、顧客企業や預金者等に悪影響が及ぶことは避けなければならない。このため、金融機関の健全性に関する早期是正のメカニズム、金融機能の維持や退出に関する現行の制度・監督対応に改善の余地がないかについても検討する必要がある。

金融機関のビジネスモデルが顧客から選ばれなければ、退場を迫られるのが市場メカニズムだ。しかし、経営破綻や倒産までに、地域社会、事業者に与える影響は、不作為なものも含めて決して小さくない。金融機関が持続可能なビジネスモデルへの転換をしようとしないのであれば、金融庁は座して待つのではなく、行政として行動する覚悟を示しているのだ。無論、ビジネスモデルの転換に必死に挑戦している金融機関であれば、引き続き自助努力が尊重されるのは当然のことだ。

金融庁は、かつて行政処分を乱発するその姿勢から「金融処分庁」と揶揄《やゆ》されたが、森体制になって「金融育成庁」への転換を唱えた。これは、自ら地元事業者や、経済の成長と自らの持続可能性を両立させようと奮闘する金融機関に向けてのメッセージだ。地元経済の発展に何ら貢献しようとしない金融機関に対して「処分」を封印したのではない。「処分」とは手段であり、処分しないことが目的ではない。森長官は「金融力」の育成を目指しているのだ。

銀行行政の目的について多胡は語る。

「森金融庁の本質は銀行法第1条への原点回帰と言っても過言ではありません。銀行法第1条は、その目的について、公共性を重んじ、自身の健全性に基づき『国民経済の健全な発展に資する』と規定しています。多くの地域金融機関は、過去の不良債権問題から『健全性』の意識は強いものの、『国民経済の発展に向けての適切な運営』となると、とたんに責任感や矜持《きょうじ》のない自己中心的なところがあることは否定できません」

多胡は続ける。

「銀行業務の運営は、自主的な努力が尊重されますが、処分がないから好き勝手をして良いという理屈は成り立ちません。国民経済の発展に資する取り組みを求めた時に、『見解の相違だ』『行政の過剰介入だ』と抗弁する道理はまったくありません。法令違反は法令違反です。本来の目的である『国民経済の健全な発展に資する』を無視するのであれば、金融庁は銀行に対して、銀行法に基づく報告徴求命令と行政処分も厭うべきではありません。重大なコンプライアンス違反や不良債権問題、有価証券投資での大失敗などの明らかな過失以外では金融機関の行政処分を規定した銀行法第24〜28条の対象にならないとタカをくっているのではないでしょうか。公的資金の資本注入を規定する金融機能強化法も『国民経済の健全な発展に資する』ことが目的であり、事業再生やリスクマネーの供給に躊躇《ちゅうちょ》するような金融機関には、ただちに返済いただくべきと考えます」

本書を執筆している時点（2017年11月10日）で、金融庁は島根銀行など3つの第二地方銀行にビジネスモデルを問う本腰を入れた検査を実施している。あくまでも筆者の予言だが、持続可能な収益力が問われている中で、国民経済（特に地域経済）に資する新たなビジネスモデルに転換する考えを「排除」しているのであれば、金融庁が早期是正の観点から「伝家の宝刀」を抜く日は、そう遠くない未来に到来するのかもしれない。

相互銀行とは何だったのか

近い将来、ビジネスモデルを確立できない第二地方銀行の存続が問われる日が来るかもしれない。どこと再編し、どこと統合するという目先の議論の前に、地域金融エコシステムを考える上で、第二地銀とは何なのかを今一度、整理しておく必要がある。

第二地銀の前身は相互銀行だ。相互銀行の前は無尽会社だった。さらに歴史を遡《さかのぼ》ると「頼母《たのも》子講《しこう》」や「無尽」と呼ばれる金融形態に行き着く。それが地銀や信金信組と異なり、まさに根拠法すらめまぐるしく変遷した第二地銀となったという点は重要だ。

頼母子講や無尽は地域によって用語も中身も様々であるが一般的には次のような仕組みだ。

頼母子講とは、鎌倉時代から続くとされる庶民の金融だ。「講」という組織に参加した者がお金を拠出し合って、順番にまとまったお金を受け取る仕組みだ。

外部に借り入れをしてしまうと、金利が発生し、実質的に資金を外部に流出させてしまう。講に参加したインナーサークルでお金を融通し合うだけなので、頼母子講は、お金の流出を防ぐ効果がある。また、たとえ銀行借り入れができない者がいても、必要な資金を供給できる、いわば金融排除をコミュニティからつくらないための人間の知恵だった。

無尽は、その発展型で、早く拠出金を受け取る者は金利を払い、最も遅く受け取る者は配当を得られるというものだ。まとまった資金を受け取る時間差によって生まれる不公平を利息や配当で平準化したもので、目的は頼母子講と同じだ。限定的なコミュニティの中で、金融仲介を円滑にするためのものである。

明治30年代に無尽会社が登場すると、大正4年（1915年）には無尽業法が制定され、中小企業のための金融機関として発展した。普通銀行から借り入れができない金融排除された商工業者を取引相手として、各都市に営業基盤が飛躍的に拡大したためだった。大正時代に無尽会社はなんと2000社超にまで急増した。

戦後の復興期になって、無尽会社はさらに業容拡大した。預金業務取り扱いなどが新たに認められ、普通銀行に近い役割を果たすことが期待された。

資金量、融資量も伸び、無尽会社は、それまでの限られたメンバーのためのコミュニティバンクとしての位置付けから、もはや金融機関に近い存在として役割が変わっていった。

1951年、サンフランシスコ講和条約を締結し、日本が国際社会に復帰したこの年、相互銀行法が成立した。無尽から、正式に国民大衆の金融機関と位置付けられたのだ。

営業区域、融資は制限されたが、為替以外の業務は認められた。

高度経済成長は、資金需要の拡大を約束してくれた。日本人の多くが夢を持ち、チャレンジ精神を持ち、昨日よりも今日、今日より明日が右肩上がりに良くなると信じることができた。

相互銀行には、引き続き中小企業の旺盛な資金需要を下支えすることが期待された。ところが、プラザ合意後の80年代後半頃から事態が一変した。

サンドイッチ・バンクとしての第二地銀

高度経済成長期から安定成長期になるにつれ、急速な円高を背景に大企業による海外移転が進み、社債などによる資金調達の多様化も進んだ。間接金融時代の「終わりの始まり」だ。

大企業の下請けを担う中小企業の受注減、資金需要の伸び悩みという構造問題が常態化し、表面化してきた。危機感を抱いた都市銀行は、新たな資金需要を求めて、地銀、相互銀行、信金信組のマーケットであった中堅・中小企業にも食指を動かし始めたのだ。

相互銀行には、相互掛金制度というものが認められていた。あらかじめ掛け金の金額や払い込み時期を決めておき、前倒しで払い込む場合は、預金者の実質利回りが上昇するものだ。掛け金最小単位も1000円からで、庶民にとって有効な貯蓄手段であった。

しかし、普通銀行が雪崩を打って中小企業に攻め込んでくる中で、相互掛金制度で調達した資金を原資にした貸出金は、相対的にレートが高かったために劣勢に追い込まれた。相互掛金制度でなくとも、普通銀行の定期積立で十分だという預金者の意識の変化も相互銀行には逆風となった。

そうして89年、それまでの相互銀行が一斉に普通銀行に転換し、第二地銀となった。名実ともに普通銀行の免許を持つことで、防戦一方の事態を打開できるとの期待が業界の多数を占めたからだ。しかし、現実には、これにより、資金量、システム化、ディーリング業務などすべての点において地銀と比べても劣勢のまま、銀行勢と同じ土俵に上がらねばならなくなった。階級の明らかに違うボクサー同士がまともに戦っては勝負にならない。

「サンドイッチ・バンク」——。上から都銀、地銀に攻め込まれ、下からは古くから地域の地縁血縁が色濃い営業基盤を持つ信金信組の突き上げを受け、板挟みになった相互銀行は、こう揶揄された。

大手銀行、地銀、信金信組は再編の波はあれども、外部環境の変化に対処することに専念しさえすれば良かった。しかし第二地銀は、無尽会社→相互銀行→第二地銀と、時代に翻弄《ほんろう》され続け、根拠となる業法もろとも存在自体を大きく変えねばならなかった。ここに不幸がある。金融排除を広げる一つの要因となってしまった。なぜならば本来、第二地銀がメインターゲットとしていた、中小企業のうち比較的小規模な事業者や零細事業者のゾーンの経営改善や売り上げ貢献などの活動が曖昧《あいまい》となり、多くの第二地銀が担保と保証のある顧客に対して低金利融資競争を仕掛けるだけの存在となってしまったからだ。

日本は少子高齢化、人口減少による持続可能性という、かつてない危機に直面している。こうして第二地銀の多くは、またもや時代という荒波にもまれている。

こうした事態を踏まえ、金融庁は経営の持続可能性を問う「ビジネスモデル検査」を第二地銀（地域二番手行を含む）に開始した。結果によっては、ビジネスモデルを変える人材を送り込むことも厭わないという姿勢だ。

ビジネスモデルの変革とは何か。それは、採算の見合わない業務を絞り込み、資産規模を縮小し、地方経済の需要に合った小回りの利く経営に変えることだ。

金融庁の前身である大蔵省銀行局に、無尽会社→相互銀行→第二地銀と時代の変化に応じて第二地銀が組織形態を変え続けたことに関して、監督当局としての先見性と戦略眼がどこまであったのかは疑問の余地がないとは言えない。現在の金融庁が、過去の変遷を正しく把握しているのかも定かではない。本来、大手銀行に排除される層に資金を供給していく存在だった第二地銀が、結果的に金融排除を助長する存在になってしまった原因の一端には、行政の断絶もある。

すなわち、相互銀行から第二地銀へ一斉転換した際の監督官庁が大蔵省銀行局であり、その大蔵省の裁量行政と決別するために誕生したのが金融庁であったということだ。

金融庁は、第二地銀を所与の前提として、一斉転換の是非を検証することなく、ひとくくりに「地銀問題」として頭を悩まし続けてきた。地域の持続可能性において求められているのは、できるだけ排除をつくらない地域金融の多様性だ。

人口減少時代で需要が先細る地域において、顧客の価値を創造する差別化したビジネスモデルを確立できず、収益面でも持続可能性が認められない第二地銀はどうするのか。

厳しい言い方をすれば、自ら変わる気もなく、統合対象にも、公的資金の注入にも該当しない第二地銀は、資産、店舗、人員を削減し、さらには業務を撤退、縮小し、上場を廃止していくことも真剣に考えなければならない。そして最後は解散という選択肢も捨てることはできないかもしれない。営業譲渡の引き受け先となるべきは、地域の基本ユニットである信金になるかもしれない。では、協同組織金融である信金信組の役割とは一体何かを考えなくてはならない。

信金信組改革の担い手

信金信組改革の担い手として金融庁が2017年8月1日付で採用したのが、信金業界のとりまとめ役を担う全国信用金庫協会（全信協）で金融制度の変更等環境変化に合わせた業界内制度の企画立案や中期計画の策定、さらには協同組織の人材づくりなどを手掛けてきた奈良義人《ならよしと》だ。地域金融の第一人者の多胡秀人とも親交が深い。リレバンにも詳しい人物だ。

奈良は1962年、青森県生まれ。高校まで青森で過ごして上京し、ごく普通の大学生として就職活動期を迎えた。「自分はバリバリの営業には向かない」という漠然とした思いから、当時安定していた金融機関の採用試験を受けていた。

きっかけは偶然だ。乗り込んだエレベーターで目に入った案内板に書かれていた全信協の採用面接を受け、85年から協会に勤めることになった。

奈良を語る上で、欠かせないのが96年から10年に及ぶ全信協の企画部時代だ。奈良が中心となって書き上げられた2006～09年度までの信金業界の3カ年計画「しんきんルネッサンス2006」には、信金の原点回帰という奈良の信念がつづられている。これを読み解くことで、奈良の考える協同組織金融のあるべき姿が浮かび上がるはずだ。

奈良は2つの違和感を抱いていた。一つが、協同組織の原点である相互扶助について、「人間同士のウェットな関係」や「人と人との繋がり」という「文学的」な意味合いではなく、「経営学」としての意味や位置付けができないか、という点。もう一つが、計画といえば右肩上がりの経済環境を前提としてきたが、それで良いのだろうかという点である。

もはや地域が右肩上がりで成長していくことを前提とした計画は成り立たない。成長がなくても、安定した社会が築ける「定常型社会」を認めるところから始めなくてはならない。

定常型社会——。ジョン・スチュアート・ミルの言葉だ。これを前提に協同組織が顧客に何ができるのか、何をしたいのかを考え、顧客とともに未来をつくる以外、銀行と同質化した信金に約束された明日はないのだ。

これら2つの違和感を解消する鍵は、会員制度の本質とは何かということにある。協同組織の会員制度は、共感の場づくりそのものだという考えが以前から奈良にはあった。つまり、一人の会員の満足度を高めることで地域の中で評判が広がり、その会員が取引先や友人を新たな顧客として金庫に紹介するという具合に、繋がりを創りながら大きくなっていく。だからこそ、相互扶助が社会的に機能してくるのだ。この協同組織の成り立ちや特徴は、終章で述べる。ここでは奈良の3カ年計画を読み進める。

「課題解決型金融」とは何か

会員、顧客の成長なくして信金の成長なし――。信金自らがその成長戦略を描けるのか、否《いな》かに信金自体の差別化戦略も持続可能性もかかっている。

その成長戦略を具体化するための仕組みやスキルを、奈良は「課題解決型金融」と提唱した。奈良が考える課題解決型金融は、次のようなものだ。

課題解決型金融は、過去の金融ではなく、将来に向けた金融である。例えば中小企業の場合、課題解決の鍵は、過去の経営の結果である財務情報にあるのではなく、その原因である非財務情報、とくに利益を創造するための経営プロセスそのものにある。課題解決型金融とは、こうした会員・お客さまそれぞれの非財務に係る課題を共有し、ともに解決していくことで、結果として会員・お客さまには営業利益の改善や将来的な成長、信用金庫についてはは信用リスク・コストの縮減化を目指すものである。これこそがリスク仲介機関としてのコアスキルであり、持続的な競争優位の源泉になっていくものである。

これは、金融庁が提唱する事業性評価と同じだ。

奈良は「そもそも貸し出しというのは、お客さまの過去の経営成績に対してではなく、お客さまが描く未来をともに歩んでいくことを決意したものだから、中小企業の現場で事業をみている営業の第一線での事業価値を見つけ出す力が鍵となる。社長と事業のことを対話できる人材をもっとつくらねばならない」と思うようになっていた。

こうした問題意識で練り上げられた計画だったが、業界では「これまでの計画と違いすぎる」と異端扱いする意見がある一方、「良くできている。驚いた」「職員みんなで議論できる良い素材だ」などの声もあり、評価は五分五分だったという。

この計画は10年ほど前に策定されたものだ。しかし、筆者が今この時点で読んでも、決して色あせることのない、むしろ金融庁の金融行政方針で示された顧客との基本価値の創造を先取りした内容と言っても過言ではないと思う。

らしからぬ人、金融庁へ

奈良と会った人の多くは、良くも悪くも「全信協らしからぬ人」と、評する。奈良は、第一章で触れた「奇跡のリンゴ」の木村秋則と同じ津軽人である。

津軽弁で津軽人気質を「じょっぱり」という。これは、一本筋の通った粘り強い人という意味だ。奈良がやり遂げた仕事には、必ず熱き想いがあることが分かる。それゆえに、時折、意見の異なる人とぶつかることがあるのだ。

それでも、奈良の興味深いところは、常に前向きに、信金の声を代弁する仕事を続けてきた点だ。それは、信金はもちろん、民間非営利団体（NPO）や大学関係者にも奈良を慕って相談してくる仲間が多いからだ。

例えば、奈良は、仕事づくりなくして地域活性化はないとの想いから、「わがまち起業家！発掘プロジェクト」を業界内で立ち上げた。そこで、地域の未来の担い手となる高校生を対象に、「1円をどう増やすかではなく、ゼロから1円をどう生み出すのか」を学ぶ機会として、地域の課題をビジネスで解決していくビジネスアイデアコンテストを初めて開催した。

信金は地銀の次に位置する存在ではなく、理念からして生き様がそもそも異なる独自の地域金融機関である――。この信念が奈良を支えてきた。

しかし、出る杭《くい》は打たれる、出すぎる杭は抜かれる。13年、奈良は、信金業界の共同システム組織「しんきん共同センター」に出向した。まだ、やり残したことがあった。

奈良が研修所にいたときに知り合った多胡秀人は、脳梗塞《こうそく》の後遺症を抱えながらも、リハビリで車椅子生活から立ち上がり、自力で歩けるようにトレーニングを欠かさない。地銀や信金の区別なく、地域金融を取り戻す戦いを続けるためだ。奈良にも、信金を通じた地域金融の改革をしなければいけないという心の灯火《ともしび》が残っていた。

しかし、共同センターでは、仕事の範囲が限られ、奈良を慕ってくれている応援団の期待に応えられない。
そうした鬱積《うっせき》した思いを抱えている時、金融庁に転籍するチャンスがめぐってきた。
金融庁に入ることが内定していた奈良が17年7月、筆者のインタビューで語った言葉だ。

「第一次リレバン（リレーションシップ・バンキング）報告書に、預金者の預金がどのように使われているのかというくだりがありました。これは、信金の地域貢献のあり方を示す根本的な問いかけだと思いました。信金は預金の8割が、非会員によるものです。であれば、非会員にも信金としてこの地域でどのようなことをしたいのかを示すことが必要ではないかと思いました。会員と非会員とが志で繋がり共感するためにも、いくら貸したかという問題ではありません。どのような新しい変化を起こしたのかが、開示されるべき内容のはずです。マーケットシェアやボリュームの拡大そのものが地域貢献ではないからです。預金者の預金でこのような産業をつくりました、というものでなければならないのです」

人口減少で地域の持続可能性が問われ、かつAIやITの進化が目覚ましいこの時代において、「貸す」という経済行動自体の意味は薄れている。金融機関には「貸す」が求められているのではない。「何をなすのか」が問われているのだ。

奈良は続ける。

「アナリー・サクセニアンの著作『現代の二都物語〜なぜシリコンバレーは復活し、ボストン・ルート128は沈んだか』で書かれたように、人と人の繋がり、企業と企業の繋がりが強い地域ほど水平的な関係性（＊筆者注―タテ社会ではない、ヨコの繋がり）ができており、地域が活性化しているのです。この関係性を地域に創っていく場として信金がもっと担っていくべきです。それは、地域の繋がりの場に金融という手段が付いていることが強みであり、これにより自己完結型で課題が解決できるからです。

このように考えると、信金は金融機関ではあるものの、その前に付いている協同組織であることに力点を置いた経営が大事になってくると思います。具体的には、①人と人との繋がり度を示す社会資本（ソーシャルキャピタル）をＫＰＩ（主要業績評価指標）にして協同することの価値を『見える化』すること、②会員・お客さまと対話するビジネスモデルとその見える化、③会員による自治を基本としたガバナンス、が重要だと考えています」

奈良は、全信協でやり残した協同組織金融改革の舞台を金融庁に移した。

「らしからぬ人」「じょっぱり」をどう使いこなすのか、協同組織に対する理解も含めて、金融庁の度量も問われている。

取材のやりとりで、筆者に届いた奈良のメールには、連絡先の署名に次の文面が書き添えられていた。

＊＊＊損得より尊徳を愛する青森賢人＊＊＊
＊＊＊冷に耐え、苦に耐え、煩に耐え、閑に耐える＊＊＊

奈良が触れている二宮《にのみや》尊徳については終章で述べる。どんな不本意な状況においても前を向き、大義を捨てず、耐えてきた奈良の生き様は、二宮尊徳に通じるものがある。それこそ協同組織に身を置く者が最も大切にしなければならない原点だ。

銀行員と税理士・会計士のミスマッチ

金融排除を引き起こす要因の一つとして、銀行と税理士・会計士のミスマッチが存在することも忘れてはならない。

筆者は多くの銀行員、税理士、会計士と話す機会を持ったが「債権の回収・返済しか考えない銀行」と「正しい税務・会計しか考えない税理士・会計士」の狭間で、事業者の悩みは深まっているのではないか、との思いをしばしば抱いた。

もっともらしいことを言っているが、所詮《しょせん》は銀行、税理士・会計士のどちらもが自己本位の発想しかない。自分たち事業者の最大の悩みである持続可能性に寄り添っていない。多くの事業者はそのような思いを抱いているのではないだろうか。

金融庁が小規模事業者（従業員1～20人）2400社を対象に実施したアンケート調査では、経営課題を相談する相手は、銀行よりも他の企業経営者や税理士の方が多かった。

最も信頼する相談相手は銀行ではないのだ。営業担当者が数年でコロコロ代わり、雨の日に傘を取り上げるかもしれない銀行ではなく、長年お世話になっている税理士を信頼するのはもっともな話だ。

しかし、金融機関抜きで事業を続けていくのは現実問題として難しい。何より、中小企業の支援制度が金融機関の支援を前提としている点は看過できない。12年に施行された中小企業経営力強化支援法で始まった中小企業・小規模事業者の経営改善を支援する国の事業は、事実上、メインバンクの同意がなくては動かない制度設計になっている。

策定された「経営改善計画書」を承認する経営改善支援センターは、金融機関（特にメインバンく）の同意書を必須としている。中小企業の経営改善支援制度を利用する場合、金融機関抜きには実現不可能なのだ。

ということは、事業者から最も頼りにされる税理士は、やはり金融機関の生態をよく理解し、日頃から金融機関ともコミュニケーションを取っておかなければ話にならない。金融機関と目線を合わせておかなければ、いざという時に、経営改善が必要な事業者の役に立てず、不利な状況に追いやりかねないからだ。

単なる税務サービスだけでは、事業者の持続可能性のニーズには応えられない。「ＡＩで代替可能」として税理士不要論が取り沙汰《ざた》されるのはこのためだ。税理士と銀行の関係は、弁護士と検事という対立関係であってはならない。事業者を裁くのが目的ではない。事業者の持続可能性という関係者すべてにとっての共通価値を育む関係でなくてはならない。

経営改善計画書の策定に関しても問題は多い。経営改善計画書をつくれない税理士もいる。そもそも専門性の高い支援事業を行う認定支援機関を担えない税理士が多すぎるのではないだろうか。銀行から見れば、税理士などの認定支援機関がかかわってつくったものでも、問題がないとは言えないのが実態だ。

銀行受けの良さを狙って策定される計画書があるからだ。売り上げが伸びるのはなぜか、営業利益率が高くなるのはなぜか。経営の根幹にかかわる点一つをとっても、根拠を示していない計画書があるのだという。

端的に言えば、税理士の能力不足だ。もちろん銀行取引の実態というファイナンスに精通した税理士もいる。しかし、税理士の資格要件では、弁護士、公認会計士、国税業務従事者は試験を免除されるほか、学位によって資格試験は一部免除されるなど、多様なキャリアパスがある。しかしながら、ファイナンス、つまり金融機関がどのような目線で顧客を見て、どのような判断で貸し出すのかをまったく理解していない者もいるなど、まさに玉石混淆《ぎょくせきこんこう》だ。

そのような税理士が、認定支援機関を担わなければならない不幸な現実がある。税理士を信頼し、頼らざるを得ない事業者にとってはどうすることもできない。

一方、銀行が関与した場合でも、問題なしとは言えない。

「貸倒引当金の計上を逃れるために、逆算してつくった中身の伴わないものもある。体力のない金融機関が決算操作をしている可能性は否定しきれない」

実務経験に精通した関係者でさえ、こう指摘している。

ベテラン融資マンの義憤

現役銀行員、信金信組職員に、融資の真髄と忘れられた地域金融の力を取り戻してもらうための研修で精力的に全国を飛びまわるのが、元広島銀行の寺岡雅顕《てらおかまさあき》だ。実に肩書をつけにくい男だ。コンサルタントではない。文筆家でもない。言うなれば、地域金融の目利き人材育成請負人とでも言ったところか。

寺岡は、本来の銀行の仕事ができていないからこそ、金融排除が起きているという強い問題意識を抱いてきた。寺岡自身、融資で問題を起こした支店に「立て直し屋」として送り込まれる、数奇な銀行員人生を送ってきたのだ。

業績表彰のため、数値目標達成が優先された結果、顧客目線と支店の健全性の双方を失った実態があったという。ずさんな銀行業務に繋がり、その極端な反作用として「考えない銀行」「何もしない銀行」という悪循環を生み出すプロセスを目の当たりにしてきたのが寺岡だ。

(担保と保証しか見ていない銀行員ではなく、本当の融資が分かる人材を育て、常識と良識が働く銀行にしなくてはダメだ。表面上の数値が悪くとも存続すべき企業・成長可能性のある企業にお金がまわらないのもこのためだ)

05年、出向先の整理回収機構から広島銀行に戻ると、当時の高橋正《たかはししょう》頭取から直接、声を掛けられた。

「君が広銀を離れているうちに、まったく違った銀行になってしまっていると感じると思う。もう一度融資に強かった昔の広銀を取り戻してほしい」

当初は、頭取の真意をつかみかねたが、しばらくして寺岡なりに気づいた。当時の広島銀行は、三度の赤字決算を経て、不良債権処理を完了した後で、失われた自己資本を回復させるべく収益第一主義に突き進んでいた。不良債権の処理とバランスシートの立て直しは本部で行うが、赤字決算は避けなければならないので、営業店では「何でもありの収益至上主義の営業マン」が放任されてしまっていたのだ。

融資の収益は完済されて確定するという時間軸で考えたり、リスクテイクを意識する本来の融資マンは、数値目標達成主義に仇《あだ》なす存在と、排斥されていた。「業務推進のためなら何をしようと無罪（業推無罪）」という錦《にしき》の御旗《みはた》が掲げられたのだ。

数値ばかり追いかけ、顧客の事業を理解できない支店長は、プロパー融資に尻込みをする。そう予測されたからこそ、本来は、不良債権の引き当て根拠であり、現在の返済能力を示しているにすぎない企業格付けを各社の融資方針にリンクさせてしまっていた。取り返しのつかない過ちをしている事態に寺岡は愕然《がくぜん》とした。

（銀行は融資を伸ばそうとしているのだから、融資を理解できない者でも、格付け通りに判断すれば、融資が伸ばせるような自己査定をするよう求められてしまう。これでは本末転倒だ）

「自分に都合の良い融資はやるが、実態把握を必要とする融資は時間がかかる上に、そもそも分からないから取り組まない。しかし、ノルマや目標があるから、表面上の数字だけを拠《よ》り所《どころ》に成績を伸ばすための融資を行う。このような現場の支店長の実態を変えなくてはならないと思いました」

と、寺岡は振り返る。

事業性を見極めて融資するということには、それなりの時間、知識、判断が求められる。ところが業績推進派からは、それらは無駄であり、切り捨てるべきコストと見なされた。

寺岡は業推無罪の暴走に危機感を募らせる同志とともに、監査部で与信の監査、リスク統括部では、与信監査に加えて、審査役と営業店の教育にも力を入れた。業推無罪の暴走を防ぐ「最後の砦《とりで》」となる覚悟だった。寺岡は既に出世のコースからは外れていたが、この時期の経験が、指導官として押しも押されもせぬ独自の地位を確立するきっかけになった。

10年には、日下《くさか》智晴《ともはる》（15年11月に金融庁に転籍。地域金融機関等モニタリング室長）が企画して立ち上げ、自ら部長に就いた融資企画部で、融資人材を育てる指導官を任された。

企画畑の日下と、現場を走りまわってきた寺岡はキャリアこそ対極であったが、「2050年も生き残っている広島銀行であるために、真にお客様企業に向き合う力を持った人材の育成と文化の変革（業推無罪からの脱却）という共通の思い」を持っていることで意気投合した。

しかし、若手を中心とした融資の基礎を学ぶカリキュラムは整備したものの、中期経営計画のために練り上げた人づくりの人事戦略は、受け入れられなかった。

「融資推進とは、お金のいらない優良企業に融資を押し込むことだ」

と、憚《はばか》ることなく公言する幹部も出てきた。頭取も交代し、風向きが変わり始めたのだ。まもなく日下も大阪支店長に異動となった。

それでも寺岡の講義を支持する行員の声は根強く、寺岡は13年10月の定年退職までの4年間と、その後も外部講師として2年間、足かけ6年間、広島銀行の行員のための指導に当たった。

寺岡の著書に、『ベテラン融資マンの知恵袋』(銀行研修社) など「ベテラン融資マン」シリーズ3部作がある。融資の腕に覚えがある銀行員でも一読すれば、新たな視点に気づかされる点があるのではないか。業推無罪と戦ってきた矜持の銀行員、寺岡のいわば兵法書そのものだ。

寺岡の信念がある。融資の勉強と一口に言っても、決算書をつくるための簿記を学んでも、あまり意味はない。より求められるのは決算書を読む力だ。地域で生きている事業者の実態を把握するのだから猶更《なおさら》だ。静態情報である決算書から読み取る仮説があり、それを動態で確認、修正していく力を養わなければならないのだ。

しかも、粉飾を疑う場面でも、事業性・将来性を見極める場面でも、事業者の立場になって考える力が何より必要なのだ。

捨てられる税理士

国が認定支援機関の対象としているにもかかわらず、記帳代行や決算申告しかせず、その責務を果たせていない税理士もいる。

もちろん、優秀な税理士がいるにもかかわらず、金融機関（メインバンク）の怠慢のせいで経営改善が進まないケースも多くある。

銀行、税理士に共通して求められるのは、過去ではなく将来のために仕事をすることだ。過去の財務分析をいくらしたところで、未来の事業を見通す力を養うことにはあまり繫がらない。借り入れと返済負担のバランスが崩れることで生じる資金繰りを考え、未来に向けた最適なファイナンスを考えなければならない。運転資金は短期継続融資（短コロ）や当座貸越を通じて、資金繰りと事業をモニタリングしていくのが当然だ。

運転資金に対して、元本返済まで求める担保・保証に依存した長期の証書貸しを乱発するようでは、事業者の返済負担を重くする危険性がある。加えて、中小企業は恒常的な過小資本というリスクを抱えていることも理解しなければならない。

元本は数カ月ごとに借り換えるため、実質的には金利分しか返済せずに済む短コロが疑似資本効果を持つことは、かつての銀行員には常識だった。銀行員の能力の劣化も甚だしい。

しかし、だからこそ銀行と対話する力を税理士は磨かなければならない。認定支援機関の有資格者として、経営改善計画を策定できないという言い訳は許されないのだ。

金融円滑化法後の40万社とも言われる返済猶予先の事業再生が遅々として進まないのは、銀行の怠慢に加え、認定支援機関の役割を果たせない顧問税理士の力不足も大いに影響している。事例を挙げる。

西日本のある事業者の取引金融機関が集まって、今後の企業の見通しを説明する会合が開かれた時のことだ。顧問の税理士事務所が作成した改善計画書には、なんと貸借対照表がなかった。銀行側が作成を求めると、この税理士は、露骨な抵抗を示したという。銀行側の幹部は当時の心境を語る。

「慣れていないこともあるのでしょうが、会計ソフトか何かに入れれば、自動的にでき上がる程度のものだと思います。税理士は、どの程度利益が出て、返済にまわせるかには関心が高いようです。金融機関の立場では、決算期の財務状態のスナップショットがないと、どこまで改善したかが分からないので、貸借対照表は必須です。なんといっても黒字でも決済資金が枯渇すれば破綻するわけですから。複眼的に見てほしいと思いますが、どうも感覚のズレがあるように思います」

また、次のような事業者がいるとしたら、顧問税理士の責任は大きいだろう。経営の診断をして、事業者と対話していないのは明らかだ。

・増収・減収要因を説明できても、増益・減益要因を説明できない。

・損益計算書と貸借対照表との関係が分からない。
・利益は出ているのに、資金が足りない理由が分からない。

もちろん事業者側にも、甘えがあることは否定できない。ゴルフのプレー費や自動車購入費を経費として計上するような脱税まがいの指南を税理士の本業と勘違いしているとしたら、地域経済を担う自らの価値を大きく毀損していると気づくべきだ。

税理士・会計士に情報サービスを提供するＴＫＣは、会員の税理士が毎月、事業者を訪問する月次巡回監査を行うよう奨励している。

また、事業者からの依頼に基づき、月次巡回監査で確認した財務データを金融機関に提供するサービスを実施している。精度の高い月次の財務データを整えておくことで、金融機関との信頼関係を醸成し、迅速な経営判断を後押しするのが狙いだ。もちろんＴＫＣの会員税理士の全員が高いレベルで職責を果たしているか、という点に関しては課題もあるが、税理士としての立場から金融排除を克服しようという前向きな一歩であることは間違いない。

事業者の持続可能性の役に立たなければ、早晩、ＡＩに取って代わられる。捨てられるのは銀行だけではない。税理士、会計士、弁護士もまた然《しか》りだ。

17年6月27日、筆者は、ＴＫＣ近畿兵庫会が開催した地元金融機関との情報交換会を訪ねる機会を得た。円テーブルに税理士と地銀や信金などの関係者がずらりと座って、税理士と金融機関が連携していくための課題、解決策などを話し合った。

そこには、税理士たちから詰め寄られ、経営との板挟みであがいている銀行員の等身大の姿もあった。

確かに一人の銀行員が、今すぐに銀行という組織を変えることはできないかもしれない。しかし、税理士と金融機関が膝詰《ひざづ》めで腹を割って話し合うことの意義は決して小さくない。化学反応は、対話と思考から起きる。

銀行は単なる「返済と回収」を超え、税理士は単なる「正しい会計」を超え、顧客の持続可能性に応える付加価値を提供できなければ、どちらも時代から捨てられるのだ。

第三章　見捨てない金融

金融排除などをしていては生き残れない――。いち早く覚醒し、それぞれのアプローチで金融排除を克服するビジネスモデルを構築している地域金融がある。不良債権問題や不祥事などで経営が行き詰まって変わらざるを得なかったり、トップの意志が組織を変えたケースもある。すべてが現実の話だ。人間はなぜ変われるのか、そして人間はなぜ変われないのか。

公募増資に6倍の応募（みちのく銀行）

17年1月、新年早々に公募増資を発表して、市場を驚かせたのが、みちのく銀行だ。それも発行済み株式数の20％強に相当する3044万株の新株発行という、極めて大規模な増資だった。地銀でこれほどの増資は、株式価値の希薄化や株式の需給悪化を考えれば、かなり冒険的な資本政策と言えよう。

しかし、みちのく銀行の公募増資には、なんと6倍もの応募が投資家から寄せられた。これが市場関係者のみならず、金融庁をも驚かせた。なぜ成功したのか。それは、投資家を納得させる成長戦略が増資理由に示されていたからだ。

みちのく銀行が発表したリリース文の「資金調達の目的」は、次の通り記載されていた。

「政府・地方公共団体等向けを除く、個人及び法人向け貸出金残高合計では、青森県内トップ（平成28年9月末時点）」

「本業収益である貸出金利息は213億円（平成28年3月期単体実績）と、東北の地域金融機関で3番目の水準」

「公的資金の返済原資である利益剰余金は、平成28年9月末時点で179億円と、当初の計画を上回るペースで確保」

「平成28年3月に開業した北海道新幹線等の地域インフラ整備を好機として、地元である青森及び函館の資金需要に更に応えてまいりたい」

つまり、足元の青森県の競争で着実な成果を出していることに加え、北海道新幹線の開通で、函館など北海道の資金需要に対し、新規融資で応えていくための増資だ。

銀行が公募増資を行う目的は2つだ。一つは、不良債権の貸倒引当金を積むことで自己資本が毀損し、バランスシートが傷むために健全性確保の観点から実施するもの、もう一つは、融資の伸びに自己資本が追いつかないために、資本増強するパターンだ。前者は守りの増資、後者は攻めの増資と言い換えて良いだろう。みちのく銀行の増資は、もちろん後者だ。

なぜ青森にある田舎の銀行が前向きな成長戦略を描けるのか。

その力の源泉となっているのが、みちのく銀行が2014年から始めた独自のユニークなビジネスモデル「戦略ミーティング」だ。

戦略ミーティング

みちのく銀行の営業担当者は毎週、平日1日の午後、「働かない」。正確に言えば、働かないのではなく、普通の銀行では当たり前の外回りの営業に出ない。何をしているのか。

週1回、営業エリアごとに営業担当者が5〜8人程度で集まり、自分たちが抱えている営業案件を持ち寄り、営業の提案の仕方や悩み事を相談しているのだ。

「ただ、やみくもに営業担当者を走らせて、お金を借りてくださいという『お願い営業』をさせたところで週1日午後の成果はたかが知れています。それならば、知らず知らずのうちに支店長と営業担当者だけの狭いコミュニケーションになってしまう『タコつぼ』という組織の罠《わな》に陥らないようにするため、プラスになる会議をやった方が遥かに良い。ただ、数十人の会議では、日本人は黙ってしまう。自由闊達《かったつ》に本音で議論するためには、10人以下がちょうど良い人数なのです」

と、頭取時代にすべての営業エリアをまわりながら、戦略ミーティングを主導し、根付かせた杉本康雄会長は語る。

戦略ミーティングのルールは、シンプルだ。参加者に対して、「単なる否定」や「ダメだし」をしてはならない。必ずプラスになる提案をすること。単純に見えるが、実はマイナス思考の会議に陥らないようにする、人間心理を読んだ緻密な設計となっている。

たとえるならば、戦略ミーティングとは「三人寄れば文殊の知恵」のビジネスモデルだ。過去に同じような案件を手掛けた経験のある者、中小企業診断士の資格を持った者など、多様な経験や能力を持った営業担当者が集まることで、一人では思いつかないアイデアが会議から生まれてくるのだ。複数人がかりで営業をしていることになる。

顧客から見ればどうだろう。圧倒的に速く、重層的な提案・再提案が、一人のみちのく銀行営業担当者からもたらされることになる。これが顧客満足度に繋がり、他の銀行が消耗戦を繰り広げている単なる低金利提案による肩代わりではない融資の伸びに繋がっているのだ。

同時に戦略ミーティングは、情報共有と人材育成の場ともなっている。

大抵の銀行の営業現場は、貸し出しや金融商品の販売などの営業ノルマが課され、本部から追い立てられる支店長が営業担当者に発破を掛けている。しかし、貸出残高を伸ばしたい銀行が課すノルマと、顧客企業が求める経営支援のニーズは本質的に異なるので、プロダクトアウト（生産者本位）的な営業に陥り、営業担当者は顧客価値の創造という本来の使命とのジレンマに苛《さいな》まれるのだ。支店長は鵜飼《うか》いよろしく一人一人の営業担当者を鵜のように泳がせて、ノルマ達成のために必死に魚を捕らせるようになる。

しかし、この鵜飼いモデルでは、営業担当者（鵜）同士の横の連携はほとんどない。このため、多くの営業担当者はノウハウや知見をどのように生かして営業提案に結びつければ良いのか分からない。センスの良い者は無手勝流《むてかつりゅう》で、独自性を発揮するが、それも共有されないので、結局は属人的な個人プレー止まりとなってしまう。

営業担当者の最大の敵は他行ではない。行内の営業担当者が出世のライバルとなるのだ。そして、ノウハウは共有されず、ますます「タコつぼ」化していくのだ。つまり、人事・業績評価まで同時に変えなければ、人の行動を変えることはできないのだ。

情報共有と人材育成に繋がるコミュニケーション戦略なくして、組織全体の営業体制は構築できない。何かを得るためには、何かを捨てなければならない。

週1回午後の外回りを捨てることで、みちのく銀行の営業担当者は、一人では決して手にすることのできない営業のチカラを手にしようとしているのだ。

営業担当主任の悩み

みちのく銀行が戦略ミーティングの理解を深めるために作成した研修用DVDがある。個人情報に抵触しない範囲で、次に概略を再現する。

ある営業エリアの戦略ミーティングでプレゼンをしたのは、支店の営業担当主任Aだ。Aは自分が抱えている案件について悩みを語り始めた。調剤薬局を経営する優良顧客から、「何か有益な提案を持ってこないと、決算書は見せない。なんなら繰り上げ返済しても構わない」

と、取引を打ち切りかねないショッキングな指摘を受けたからだ。銀行は毎期、決算書の提出を事業者に求めるが、成長意欲のある事業者から見れば、何のために提出しているのか、その取引に付加価値はあるのか、疑問を持って当然だ。

Aは、7人ほどの営業担当者らを前に、会社の沿革、自行融資や信用保証協会を使った融資などの内訳や経緯、他行との競合、出店、財務などの状況、経営の強みと、社長を補佐する人材が不足しているなどの弱みについて、自分なりの分析結果を示した。

みちのく銀行を取引銀行として選定した理由は「有益なアドバイスを期待しているため」ということはあり、Aに対するこの経営者の要求水準は高い。そのために有益な提案を持ち合わせないAの足が以前よりも遠のいていたのだ。

そんな時に事業者から突きつけられた唐突な「最後通牒《つうちょう》」だった。

「今年の決算書はいただけないということだけど、去年のはいただけたんだよね？」

先輩の営業マンが質問した。

「去年は好かれていたんですが、今年は……」

とAが弱々しく肩を落とすと、Aの憎めない人柄の良さに会議は笑い声に包まれた。会議の雰囲気は常に明るい。

「ご自身も薬剤師でいらっしゃるので、薬剤師あってこそ調剤薬局が成り立つというお気持ちを持たれているので、薬剤師の方々には非常に優しい方なんです。しかし、私にはいきなり診療報酬改定に関する見解を求められたりして……社長は私のことは嫌いだと思うので」

「いや、嫌いじゃないと思うよ。ここまで社長と話をして、詳しく知っているんだもん。嫌われていないのはチャンスだよ」

場の空気に押されてか、Aの上司も身を乗り出した。

「今度私も行って、どういう方なのかお会いしてこようと思います」

「財務的には問題ないもんなあ」

しばらく、会議が膠着してくると、Aは、この事業者がM&A（企業の合併と買収）で薬局を買収していく意欲があることをぽつりと語り始めた。

するとそれを見ていた先輩格の営業マンが、

「このお客様は、財務の話はしない方がいいんじゃないか？　火に油を注ぐような気がする。余計なことを言うなということでしょ。逆に経営管理とかも全部社長さんが自分でやっていらっしゃるのであれば、社会保険労務士をご紹介するとか。社長さんがおっしゃるように薬剤師あっての調剤薬局なんだから」

とアドバイスすると、Ａもこれまで縛られていた財務提案から解き放たれ、頭の中が整理されたかのように、

「介護福祉士に付加価値を付けるという意味で、投薬指導、残薬管理を請け負うので、介護の取引先を紹介してくださいというビジネスマッチングはありかなと思います」

と、自分の気づきを語り始めた。

ここでナレーションが流れる。戦略ミーティングの中間まとめだ。事業者に対して、Ｍ＆Ａ、社労士の紹介、ビジネスマッチングやサブリース（転貸）の提案、みちのく銀行本部の医療担当チームの帯同訪問、貸出金利の引き下げ、確定拠出年金（ＤＣ）、県内出店情報などを持って、Ａが提案に挑むことになった。

後日、事業者との面談後に開かれた戦略ミーティングでAは満面の笑みを浮かべて報告した。

「決算書をいただくことができました！」

「おー」「やったね」

という歓声と拍手が湧いた。

心配していた繰り上げ返済はなくなった。上司の帯同訪問の効果もあり、逆にビジネスマッチングの申し込み、2カ月に1回の面談と情報交換を希望する申し出もAは受けてきた。今後の診療報酬の改定に備えて、連絡を密にしておきたいという社長の意向だった。

戦略ミーティング後、Aはインタビューに答えた。

「経営をどう考えているのか、どういう風にしたいのかをしっかりお聞きすれば、話をしていただけるようになります。事業者の方々も慣れていない銀行員に話すのは難しい。月1回でも2回でもたくさん会うことは大切です。分からないことは下準備が必要です。先方も深い話がしやすくなります。戦略ミーティングのみなさんの意見は大変参考になりました。支店では営業担当は3人しかいませんので、いつも話している意見しか出てこないからです」

インタビューの最後にこう感想が述べられていた。

「私は、こういう仕事をするために銀行に入ったんです。今、お客様に感謝される仕事ができて本当に嬉しい」

存亡の危機から

　みちのく銀行の経営は、決して順風満帆ではなかった。真逆だ。存亡の危機に立たされていた。かつてはロシア事業など無謀な拡大路線を展開し、2005年には顧客情報紛失問題、赤字決算などで東北財務局から業務改善命令を3連発くらい、当時の経営陣が総退陣する未曽有の危機的事態に陥っていた。

　金融庁と親密先のみずほ銀行との調整で、既に出世コースからは外され、カード子会社の社長となっていた杉本を頭取に抜擢する異例の人事が決まった。杉本が頭取に就任したのは05年6月だ。行員の士気は低下し、過去の不祥事のツケが出てくるなど、まさにどん底の状態にみちのく銀行はあった。すべての膿《うみ》を出し切るまで、さらに4、5年を要した。

　公的資金の資本注入も受けた、09年には、改正金融機能強化法に基づき、地銀の本分である中小企業融資に力を入れなければならなくなった。逃げ道はなかった。

(今までの銀行のものの考え方をすべて変えなければ生き残れない。上から目線で行動し、考えるのはやめよう。選んでもらえる勝負をしなければならない。地域のパートナーシップこそがウチの原点だ)

　いよいよ再起に向けて動き出した杉本は、こう決意した。

営業、人事、システムなど経営のすべてを変える上で、まず10年度からエリア営業体制に移行し、11年度からタブレットを使った個人営業、鹿児島銀行が開発した顧客情報管理システム「ＫｅｙＭａｎ《キーマン》」を導入した。

しかし、システムだけでは業務革新はできない。顧客に密着して営業展開していくリレバンを実践する仕掛けが必要だ。そこで14年度から始まったのが前述した戦略ミーティングだ。

実は杉本には、業務推進部長だった１９９６年、県内の地方公共団体の給与振込口座の争奪戦で、青森銀行に負けない勝負を繰り広げた成功体験があった。

この時に杉本が推進したのが、戦略ミーティングの原型だ。

「一対一だと勝負にならない。口座をつくってもらうにはチームで考えよう。断られたら次はどういうアプローチをするのか。どうすればお客様のニーズに応えられるのかを戦略ミーティングで議論させた。その結果、各地区でたとえ指定金融機関でなく、官庁舎に支店がなくても、互角の戦いができた。女性の活躍が光った。みちのく銀行が女性を重視しているのは、この当時からだ」

と杉本は語る。

杉本の異動とともに、戦略ミーティングは捨て去られたが、頭取になった杉本はこれを復活させた。法人営業における戦略ミーティングだ。何度も杉本が現場に足を運んで、その狙いや手法を説いてまわった。限定的なイベントではなく、組織全体の運動とするためだ。最初は懐疑的だった現場にも、実際に成果が出始めると、むしろ前向きに取り組もうという雰囲気が広がっていった。

提案を断られることは、マイナス評価ではない。断られた理由が貴重な情報として蓄積し、戦略ミーティングで、では次はどのようにするかを営業担当者全員が考える。そうすることで経験値は確実に向上していくのだ。

ある幹部が証言した。

「昔は、この会社に貸せるのか、貸せないのかという議論だけでした。そうではなくて、この会社をどう良くしようか、という議論をすべきなのです。お客様には『ドンドン宿題をください』とお話をすれば良いのです」

別の幹部の話だ。

「営業戦略を点検するためにヒアリングを実施したところ、お客様は複数の金融機関との取引を望んでいることが分かりました。シェア向上のために、お客様に接触するのは、銀行のエゴだったのです。お客様は、業況の悪くなった時にも、みちのく銀行が逃げないことを最も求めていました。『逃げません宣言』というコミットメントです。だったら、我々は、複数の金融機関の中から圧倒的に選んでもらえる戦略を考えた方が良いと思いました」

各支店長には、これからの取引を約束させる「ビジネスパートナー宣言」を実際に行わせた。同時に、経営者の個人保証に依存しない融資を促進することも宣言させた。

支店の動き方も変えた。窓口担当（テラー）と後方担当とを切り分けるのではなく、繁忙日以外には、窓口と後方を入れ替えることで、両方の業務ができるようにした。一人二役という戦略だ。さらに4段階のスキルレベルで評価し、人事異動や急な応援などの場合に、窓口事務と後方事務のスキルレベルが同等になるような工夫を凝らし、「イチから教えないといけない」という支店への負担を減らした。

地域に評価される者しか、リーダーにしない

今、みちのく銀行が金融庁をも驚かせているのは、戦略ミーティングだけではない。ガバナンス強化への取り組みもだ。

元々、杉本は頭取になる予定のない男だった。経営の混乱と旧経営陣の退陣という危機に瀕したからこそ、白羽の矢が立ったのだ。

みちのく銀行史においては、間違いなく「中興の祖」となるだろう。しかし、ここにこそ組織が再び凋落《ちょうらく》していく最大のリスクがあることを、杉本自身が誰よりも理解している。

経営危機を救い立て直した人物は、カリスマとなり、いつしか組織では忖度が始まり、顧客

ではなく、カリスマを見る経営になってしまう。ゴマすりや阿《おもね》りで人事が歪《ゆが》められ、組織は頭から腐っていく。実際に地銀業界でもよく見られるケースだ。

みちのく銀行は、経営の混乱から組織が崩れていく悪夢を二度と繰り返さず、持続的な経営基盤の確立と企業価値の向上に繋げるため、15年度から本格的なガバナンス改革に着手した。

まず、監査等委員会設置会社に移行し、取締役会の過半数を社外役員とし、執行と監督を完全に分離した。

さらに過半数を社外メンバーで構成する指名・報酬検討会議を設置し、議長に地域金融に精通する多胡秀人を招いた。これは重要な意味を持っている。なぜならば金融庁の参与を務め、金融仲介の改善に向けた検討会議、金融モニタリング有識者会議、金融機能強化審査会（公的資金注入）会長代理など要職を歴任する多胡を招くということは、今後、事実上、多胡が地域、顧客のためにならないと判断した人物は、取締役、執行役員にはなれないということを意味している。指名・報酬検討会議は、取締役会に属する機関ではあるが、仮に検討会議でいったん否決した人事案が、取締役会で可決されるようなことがあれば、金融庁の検査で厳しく事実関係を追及されるのが確実だからだ。

地域や顧客のためにならずとも、会長や頭取にうまく取り入った人物が推挙される、というどの組織でも見られる人事の不条理と決別するのが狙いだ。

杉本は語る。

「ここから10年、20年先のことを考えた時、内部から評価される人は、外部からもそういう評価でないとダメです。トップ次第で物事は全部変わってしまう。変えちゃいけないもの、変えなきゃいけないものがある。ウチの場合、営業の仕方は変えてはいけない。一方、その時代についていけるのか、リーダーシップが取れるのか。年齢順、肩書ではない。そういう評価ではなく、外の目を入れ、厳しく見てもらわないと、これから先の地方銀行は生き残れない。そういう外の目に耐えうる人じゃないとトップを任せるべきではない。銀行だけではなく、お客様、地域のためにならないからです。

自分の目は間違っていないと思っても、自分の目は、いつまでも正しいとは言い切れません。どんな時代でも耐えられる人選が必要です。地域にとって好ましくない人は、決して選ばれない仕組みにしなくてはいけません。それは、360度評価です。特に外部の評価が大事です」

跳ねる銀行員

2017年8月4日。日も傾き始め、例年よりも涼しい風が吹き抜ける青森で、ねぶた祭が始まろうとしていた。既に街の辻々には、浴衣の袖《そで》をたすきでたくし上げた格好の跳人《ハネト》たちが、今や遅しと、集い始めていた。

筆者は、1993年以降、ねぶた祭に参画しているみちのく銀行から祭りに参加する機会を得た。

「じゃあ、着付けをしますので、服を脱いでパンツ一枚になってください」

青森支店2階に通された筆者は、着付けを担当する女性たちからあっさりと言い渡され、いささか面食らっていた。が、部屋を見渡すと、男性行員たちはひるむことなく、あっという間にパンツ一枚になり、すぐさま着付け担当たちが取り囲んで、浴衣を羽織らせ、その上から帯や腰に巻く黄色の飾り付けの「シゴキ」を締め、両肩を鮮やかな赤のたすきでキリリと結んでいた。

気づくと既にたすき姿に変身していた筆者の浴衣には、跳ねるとシャン、シャンと鳴る鈴が手際良くピンで留められていた。

「この日は特別ですよ。橋本さん」

経営企画部長の須藤慎治《すどうしんじ》も既に跳人の正装になり、足袋と草履《ぞうり》で足元をかためていた。

路上に出て、みちのく銀行のねぶたのスタート地点に向かった。沿道の観客席からは「須藤さん！　どうも！」と、取引先の関係者が次々に笑顔で声を掛けてくる。この日ばかりは銀行員も跳ねるのだ。沿道の観客との一体感が、ねぶたの醍醐味《だいごみ》だ。

みちのく銀行の行員たちが待機するねぶたに到着すると、18年4月入行の内定者の女性たちも参加していた。ねぶたを通じて、連帯感を深めていく。もちろん、人事担当者も跳人姿で参加していた。

午後7時10分。ドーンという打ち上げ花火を合図に、ねぶた祭が始まった。

血気盛んな野球部の若手行員たちが、ハンドマイクを片手に跳ね始めた。

「ラッセラー！　ラッセラー！　ラッセ、ラッセ、ラッセラー！」

ある者は団扇《うちわ》を掲げ、ある者は両手を挙げて、リズムに合わせて体を交互にねじりながらステップを踏み出した。跳人に扮《ふん》した銀行員たち一団が躍動していた。

すぐ後方には青森自衛隊のねぶたが、「ドン。ドン」と、腹の底に響く囃子《はやし》太鼓とともに押し出してくる。この年は、武者姿の男が鯰《なまず》を退治しているねぶただ。ねぶたの名称は「鹿島神と要石《かなめいし》」。茨城県鹿嶋市の鹿島神宮には地中に埋まった「要石」と呼ばれる巨大な石があり、地震を鎮めていると伝わる。

自衛隊のねぶたは、専門のねぶた師の手によるものではなく、自衛隊の自作だ。東日本大震災に東北が打ち勝つというメッセージが込められている。大震災で、救助、行方不明者の捜索、被災者支援、復旧活動など長期間にわたり献身的な活躍をした自衛隊に対する東北人の感謝の念は深い。例年、自衛隊のねぶたには、温かい声援が送られるのだ。

隊員たちが、規律の取れた掛け声で行進する。時折、隊員たちがはじけるように道路を縦横に跳ねたかと思うと、再び整列し、規律ある行進に戻る。静と動のコントラストを織りなすのが、自衛隊ねぶたの特徴だ。これに、みちのく銀行は毎年300万円ほどを拠出している。

地域に寄り添い、活性化のために地域金融機関はどこで還元するべきか。みちのく銀行の答えの一つが、ねぶた祭だ。

元米兵のクラフトビール

青森・弘前に、北海道から沖縄まで全国のバー、飲食店から注文が入るクラフトビール醸造所がある。製造・販売に加え、地元でクラフトビールを出す飲食店を経営するのは元米兵のギャレス・バーンズだ。

ギャレスは米コロラド州出身。フィラデルフィアで暮らし、18歳で入隊した。05〜07年まで青森三沢基地に所属したが、退役後は地元で津軽三味線を習い始めた。米国へ戻る前に、別の街でも暮らしてみようと弘前に住んだことがきっかけで、英会話教室を開き、地元テレビの情報番組にも出演するようになった。

青森の女性とも結婚し、暮らしにもすっかり溶け込むようになったが、ギャレスには以前からどうしても分からない疑問があった。

（青森の人は、全国展開の有名コーヒーチェーンや回転寿司が遅れて進出してくると喜ぶが、

どうして、青森から全国に展開するような商品やブランドづくりをしようと考えないのだろう）

ギャレス自身、何か大きな事業に挑戦したいという想いを抱いていた。そして興味を持ったクラフトビールづくりの研究を独自に始め、２０１３年から本格的に弘前でのクラフトビール醸造所の立ち上げに向けて動き始めたのだ。東京など各地では、喉ごしで味わうビールではなく、ワインのように余韻を楽しむクラフトビールの人気が高まっていたからだ。ギャレスは時代の先を読んでいた。

しかし、「外国人」「聞いたこともないクラフトビール」という点だけで、青森では行政機関、金融機関は、計画書を読むどころか、ギャレスの話に、耳を貸すことはなかった。

「弘前でクラフトビールねえ……まあ難しいですねえ」

と、ことごとく排除した。

ギャレスには英会話教室などで貯蓄してきた１８００万円の自己資金があった。たとえ金融機関から排除されても、小規模でもいいから自己資金で始めようと思い始めていた。

そんな矢先、２０１５年10月、ギャレスは知人を介して、みちのく銀行城東支店を訪れた。応対したのは、支店長と主任の小山内《おさない》創祐《そうすけ》だ。面談には支店長も同席し、ギャレスの事業提案を排除せず、当初から支店全体で受け止め、対応する姿勢で臨んだことがうかがえる。ギャレスはクラフトビールにかける想いを熱く語った。

数日後、今度は小山内と法人営業課長の豊川《とよかわ》友樹《ゆうき》がギャレスの英会話教室を訪問し、クラフトビールの歴史や製造方法などのノウハウを学んだ。ギャレスは、既に各地の醸造所と親密な関係を築いており、レシピや醸造タンクなどの設備、原材料の調達など、運営に必要な準備は周到に整えていることが分かった。あとは、資金調達だけだったのだ。ギャレスは小山内らをバーに連れてゆき、米国のクラフトビールを飲ませた。小山内は語る。

「米国のクラフトビールは日本のものとはまったく違うのです。舌で香り、味の奥深さを楽しむものなのです。ということは、本物のクラフトビールの味を求めるのであれば、ギャレスが米国人であることは逆にメリットではないのかと思いました。もしこの味を青森のものとして広められたら、なんて面白いだろうとも」

日本人ではない。米国人だから排除――。その発想が根本的に間違っているのだ。

小山内は、すぐさま青森県信用保証協会弘前支所主査の蛯名《えびな》寿樹《としき》に保証付き融資を検討したいと意向を伝えた。

蛯名は、ただちに保証協会本部の経営支援課長小山内《おさない》一志《かずし》に相談した。動きは迅速だった。年が明けて16年1月7日、みちのく銀行から小山内、豊川ら計3人、保証協会から蛯名、小山内、そしてギャレスが弘前市内のバーに集まった。普通のビールと、ギャレスのレシピ通りに委託醸造した試作クラフトビールの飲み比べをしたのだ。

ギャレスのレシピでつくられたクラフトビールを口にした瞬間、一同は思わず目を見合わせた。

「うまい！　こんなクラフトビールは飲んだことがないですね。ギャレスのクラフトビールは成功するはず。間違いない」

ギャレスは、東京・両国でクラフトビールを取りそろえることで知られる飲食店「麦酒倶楽部　ポパイ」に、自分のクラフトビールを出荷する考えを明かした。

みちのく銀行の小山内は、発泡酒製造免許を取るため、税務署と交渉するギャレスに同行し、手続きの確認やギャレスの疑問点を解消すべく交渉を手伝った。

保証協会の小山内と蛯名は、相次いで上京して「麦酒倶楽部　ポパイ」を訪れ、客足、売れ筋、価格設定などを調べ、ギャレスのクラフトビールの事業性を確信した。

こうして16年2月、みちのく銀行は２５００万円の保証付き融資を決定し、保証協会も全額対応することを決めた。その後、発泡酒製造免許も取得できたことから、9月に融資を実行した。10月25日にはギャレスは醸造所で初のクラフトビールを製造した。この日は母親の誕生日。「デビーズペールエール」と母親の名を付けた。

そして11月22日、ついに、弘前でクラフトビール醸造所「Be Easy Brewing」と飲食店「ギャレスのアジト」がオープンした。全国にギャレスのクラフトビールを出荷するだけではない。チーズもソーセージも野菜も地元産の食材で手づくり料理を提供する。ギャレスの醸造所と飲食店は、クラフトビール好きはもちろん、今では知る人ぞ知る弘前の観光スポットの一つとなっている。

みちのく銀行公認の下、インディーズデビューし、ユーチューブでも動画を配信するなど、シンガーソングライターとしても活躍する異色の銀行員、小山内創祐は振り返る。

「学生時代、ミュージシャンとしてメジャーデビュー直前まで漕《こ》ぎ着けながら、頓挫《とんざ》してしまったという挫折の経験が自分にはあります。だからこそ、やりたい夢に挑戦できなかった後悔は、挑戦して失敗した後悔よりも大きいと、身をもって感じています。今回の件は特別ではありません。『外国人』『クラフトビール』だったから時間こそかかったものの、当たり前にお話を聞いて、調査や確認をして、やれると思っただけです。誰であろうと夢を追いかけている人は基本的に応援したいです」

17年10月、冷たい雨の降る青森市内で取材に応えたギャレスは、真剣な表情で筆者に訴えてきた。

「排除されたのは私だけじゃない。挑戦しようと思っても排除された人は、地域にもっといるはず。行政関係者も金融機関も、地元にお金が落ちる仕組みをもっと真剣に考えないといけない」

もっともだ——。

米国人のギャレスに東京依存ではない真の地域貢献のあり方を問われ、地域活性化を実現していくその行動力を目の当たりにした行政関係者、地域金融機関は、自らの排除の意味をどう考え、何を学んだのだろうか。

17年11月23日、弘前市内の「ギャレスのアジト」で、オープン1周年記念のイベントが開かれた。会場はクラフトビールを手にした馴染《なじ》みの客で埋め尽くされた。

ステージにはギターを手にした小山内創祐が立っていた。この日は、銀行員としてではなく、シンガーソングライターとして——。

会場は、小山内の歌声に一瞬で魅了された。数曲を披露したところで、小山内は自らの挫折の経験と、ギャレスの店を銀行員として応援した経緯を語り出した。小山内自身、夢を追いかけるギャレスとの出逢いを通して、心に期するものがあったに違いない。

「夢は一歩ずつ叶《かな》えるものだと思います。夢を叶えたギャレスにこの歌を贈ります」

万感の思いを込めて、自身の代表曲の一つ、「種」を歌った。

「悲しみを知るたび、与えられる種がある。君は願うだろう。その種を蒔《ま》く人、そうであれよ。希望の種。涙が落ちた場所だけに、咲く花があるんだよ」

店主ギャレスも登場し、観客を驚かせるほどの腕前で津軽三味線を披露し、会場を沸かせた。1年前までは何もないところから、今や遠方からもクラフトビール目当てに、わざわざ客が訪れる、知る人ぞ知るスポットとなった。希望の種。そう願い、蒔く人さえいれば、たとえ涙を流すことがあっても、いつか花は咲くのだ。

驚異のスピード、広島市信組

16年5月に上梓《じょうし》した『捨てられる銀行』（講談社現代新書）では、広島という地に、「しまなみ債権回収株式会社」（通称・しまなみサービサー）を有効活用した地域金融エコシステムが存在していることを書いた。本書では、『捨てられる銀行』で書ききれなかった分も含めて、その全体像を改めて描きたい。エコシステムは金融排除を克服する一つの解であるからだ。

広島市信用組合（シシンヨー）の山本明弘《やまもとあきひろ》理事長の朝は早い。午前5時17分には出社する。「誰よりも早いので、部下にはそんな時間には出社するなと言っています（職員は午前8時10分以降）」

それでも午前6時45分からは役員会議が始まる。それも毎朝だ。

投資信託、生命保険等は一切売らない。融資一本で、土曜日も若手有志が任意で参加し、融資の勉強をしている。

本部と支店との連絡はすべてファックス。日々の業務連絡からインフルエンザ流行の警報、地震情報などまでひっきりなしにファックスが送られる。電子メールは使わない。送り先の組織内の相手がいつ読むか分からないからだ。コストに繋がるシステム開発などの費用もかけない。徹底的なアナログ主義だ。

その分、外訪（外回り）は他を圧倒する。16年は、役員と支店長が総代会後の挨拶、ディスクロージャー誌の配布などで年4回、1万5000先の顧客を3週間で戸別訪問した。1回の外訪で配るタオルは3万本、饅頭《まんじゅう》は1万5000個。饅頭屋は「注文の数を1ケタ多く間違えていませんか?」と、念押ししてくるほどだ。

これらはすべて、一つの目的のために行われている。それは、圧倒的なスピード融資を実現するためのものだ。

不良債権処理で、どん底の状態にあったシシンヨーを立て直した理事長の山本明弘は広島弁で、熱弁をふるった。

「シシンヨーの経営は、スピード、スピード、スピード。すべてはスピードのため。文明を否定しているわけではないです。が、スピードに繋がらない文明の利器はいらんのんじゃ、ということです」

第二章で述べた通り、大抵の金融機関はスピードという顧客ニーズを排除している。稟議書作成、決裁印、会議、担保手続き、信用保証協会の手続きと数週間はかかる。

ところが、シシンヨーの融資決裁は、3日以内だ。スピードが排除される金融の世界に競合相手はいない。当然、スピードは付加価値であり、利ざやが乗ってくるのだ。投信・保険など余計な金融商品の勉強や販売をせずに、融資という武器を磨き上げているのがシシンヨーだ。

スピード経営において電子メールを朝送り、午後まで見ていないという事態は許されない。圧倒的な外訪によって、常に顧客接点を持ち、顧客を知っているからこそ、迅速に行動できる。04年から、2日間にわたって戸別訪問する住宅ローンFS（フィールド・セールス）も継続的に実施している。奇妙なことに住宅ローンの契約を取り付けるノルマはない。契約獲得ではなく、顧客接点を深め、「融資の難しさを身をもって刻み込むのが目的」（山本理事長）という。

職員の待遇改善も積極的だ。2016年10月には、1万6000円の手当を引き上げ、2017年の引き上げで総合職の初任給は21万円。外勤手当2万円、さらに住宅手当1万5000円まで出している。4年目のある女性職員は、

「16年10月で手当が1万4200円上がりました。銀行に就職した同期の女の子は、投信や保険を売らされていますが、シシンヨーではそういうこともありません」

と筆者の取材に笑顔で答えた。

シシンヨーのスピード融資を可能にしているのが、しまなみサービサーなど、全国のサービ

サー（債権回収会社）を活用して不良債権をまとめて売却する「バルク売却」だ。回収業務を捨て去るという、思い切ったビジネスモデルの特化に踏み切ったことで、すべての人員を融資に振り向ける大胆な転換ができたのだ。

銀行の回収に当たる債権管理の担当は、部長と課長の2人しかいない。毎日、営業店に行って1日以上の延滞案件をすべてチェックし、バルクで売却するかどうかの検討をしていく。1週間に1回、34店全店を巡回するのだ。「債権管理業務だけで普通の銀行より1億円は人件費が安い」（山本理事長）のだという。

山本の忘れられない思い出がある。不良債権問題で北海道拓殖銀行が破綻し、2001年の時点でシシンヨーの不良債権残高は390億、不良債権比率は17・23％だった。不良債権を回収していても何もプラスには繋がらない。

（これでは、もうダメじゃや。今のままではウチは倒産する）

しかし、不良債権を抱えていては身動きが取れない。必要なお金を貸し出すという、当たり前の地域金融機関の貢献すらできない。不稼働資産を稼働資産に変え、利息が入るように流れを変えなければ、新たな顧客のための融資ができないのだ。

（サービサーを使うしかない）

当時管理部長だった山本の決断が、今日のシシンヨーのビジネスモデルを決定付けた。当然、当時の上層部との衝突もあった。

「何を言うか！　関係あるかい！　やれや！」

と、山本が現場を動かしたところ、2001年に広島銀行が設立していた、しまなみサービサーなども動き出した。不良債権という山が動き始めたのだ。貸出債権の内容は徐々に改善した。債権は塩漬けにしてはならないのだ。

23歳の時、山本は初めて外訪に出してもらい、顧客を訪ねた。

「こんちはー！　シシンヨーの山本です！　○○銀行さんの金利はいくらですかー！」

と、元気よく挨拶した。

「メインバンクは他じゃや、帰れ」

と、すべての顧客から冷たくあしらわれた。

(そうか。お金は貸すんじゃなくて、使っていただくものなんじゃや)

これが山本の原点となった。以来、「カネを貸してやる」という言動を示した者に対しては、それが上司でも部下でも怒りを露《あら》わにしてきた。

山本も既に理事長に就任して12年が過ぎた。山本イズムを注いできたシシンヨーの課題と未来を語った。

「流れはできました。あとは私に続く者がリーダーシップをどう発揮するのか、若手ならば融資への持っていき方を徹底的に学ばなければなりません。融資の難しさ、融資の素晴らしさを肌身で感じる組織でなければなりません。融資はロマン、これがシシンヨーなのです」

事業再生も手掛ける、しまなみサービサー

シシンヨーの山本が不良債権処理とスピード経営のためにサービサーを使う決意をしたのと同時期の01年、広島銀行が１００％出資した「しまなみサービサー」が設立された。社員は40人足らず。しまなみサービサーは、広島の地域金融エコシステムを語る上で欠かせないキープレーヤーだ。

銀行系サービサーは17社あるが、社員のほとんどが銀行ＯＢで占められている。若手を育てようという戦略はない。しかも、もっぱら親会社銀行の債権を扱うことが業務とされている。銀行に依存しなければ生きられない存在だ。

しかしながら、しまなみサービサーは、広島銀行から債権の管理・回収を受託しつつ、収益のほとんどを広島銀行以外からの債権買い取りによって稼ぎ出しているという特徴がある。

不良債権は、景気回復を背景に大幅に減少しており、経営破綻か実質破綻した企業向けの債権「破産更生債権」は確かに減少している。この一面だけを見ると、サービサーの出番はないようにも思える。

しかし、しまなみサービサーは、事業再生も手掛ける点で、他のサービサーと異なる。回収して終わりではない。つまり、破綻状態にはないものの、融資契約通りに返済が困難になった債権「危険債権」を買い取り、事業再生のサポートやリファイナンスに力を入れているのだ。金融円滑化法の終了後、返済猶予先は40万社あるとも言われる。危険債権はいくらでもあるのだ。

広島銀行の破綻懸念先の一部と実質破綻先のほとんどを、しまなみサービサーで集中管理している。広島銀行に限らず、営業店は実質的に内部格付けが下がるとタッチしなくなる。サービサーや本部に管理を移すからだ。これは分業によって効率が良くなるという利点がある半面、投信や保険を売ることが忙しく、事業再生のノウハウが銀行員から失われていることも意味する。

投信・保険を売ることが、今や銀行員の仕事となっていることは否定しようもない事実だ。破産更生債権が減っているならば、投信・保険を売るために、人手が抜かれ、営業店にまわされる。

しまなみサービサーでは20代の行員の出向を受け入れ、4、5年でサービサーの業務を学んで、営業店に戻っていく。16年9月からは人材育成コンサルティングも始め、他行から若手の受け入れも引き受けてきた。

銀行の場合、貸出債権1億円と担保1000万円があった場合、1億円と1000万円という2つの数字の世界でしかモノを考えられない。キャッシュフローや事業性を分析した場合、その債権には4000万円の価値があるという判断は、銀行員には難しいのだ。なぜなら債権放棄は許されないという規律でしか、銀行は考えることができないからだ。

再生支援協議会や地域経済活性化支援機構は、公的なお墨付きがあるために、メインバンクが主体的に事業再生に取り組む姿勢を示せば、有効な器となる。一方、事業再生は良い債権と悪い債権に分ける「グッド・バッド方式」でしか対応できない。グッド・バッド方式では対処できない案件には、サービサーの方に優位性がある。なぜならば銀行には難しい債権放棄が、サービサーへ債権を売却することで、無税のバルク損として会計処理できるからだ。

サービサーの仕事を深く理解するために、一つの事例を紹介する。しまなみサービサーは「個別の事例については答えられない」と回答しているが、複数の関係者から筆者が取材した話だ。

姫路信用金庫がメインバンクとして取引する鉄材料を加工する鉄工業者Xは、1991年に姫路信金から工場の建設資金1億5000万円の融資を受けた。その後、業況が悪化し、93年に返済猶予などの条件変更を受けた。通常、条件変更を受けると、不良債権と見なされるため、金融機関は貸倒引当金を計上しなければならない。

このため、こうした企業が返済する資金は、元本返済に充当されるケースが多い。なぜならば、貸倒引当金は、貸出債権の元本で決まるからだ。貸倒引当金を計上しないようにするため、金利分の返済に充当するより、元本返済させるのだ。すると、必然的に返済されない未収利息だけが積み上がることになる。姫路信金はX社から2015年まで、21年間にわたって返済分を元本に充当し続けた。このため元本は残額1000万円まで減っていた。つまりX社は1億4000万円を自力返済してきたのだ。一方、未収利息は1億8000万円にまで累積していた。

1000万円を返済し終わった場合、姫路信金は未収利息を回収することもできたが、21年間にわたり返済を続けてきたX社の事業存続を支援する観点から、しまなみサービサーに元本の残り1000万円と未収利息債権1億8000万円を合わせて、3600万円で債権譲渡することを決めた。

3600万円で債権を買い取った、しまなみサービサーはどうしたのか。X社から債権の元本1000万円を返済させるとともに、X社の社長に、1億8000万円分の未収利息の債権を3300万円で買い取らせた。これによって社長が、自分の会社であるX社に対して、未収利息債権の返済を求めなければ、未収利息の問題は事実上、消滅する。加えて、しまなみサービサーは準メインバンクであった但陽信用金庫とも調整し、但陽信金が4300万円をX社に対し、工場の担保を譲り受ける形で新規融資し、円満にメインバンクの座を交代した。

姫路信金がなりふり構わず未収利息を回収すれば、X社の取引金融機関の足並みは崩れ、X社は資金繰りの危機に瀕したはずだ。但陽信金の理解も必要だった。しまなみサービサーを介し、姫路信金と但陽信金の間で、X社という事業者の命のバトンがリレーされたのだ。サービサーは単なる回収機関ではない。金融排除を救う力を秘めているのだ。

金融排除を克服する広島県信組

驚異のスピード融資で顧客のニーズに応えていくシシンヨーは、しまなみサービサーなどに債権をバルクで売却することをビジネスモデルとしている。逆にしまなみサービサーに債権を売却された企業に対して、その返済資金を融資し、事業再生に繋げることを重点項目の一つとして掲げているのが、広島県信用組合（通称・ケンシン）だ。

16年度のシシンヨーの資金運用利回りは2・15％、総資金利ざやは1・1％。これに対し、ケンシンは、1・78％と0・62％だ。大手地銀でも総資金利ざやは0・1〜0・4％程度がいいところだ。2信組の収益力の高さがうかがえる。

シシンヨー同様、ケンシンも不良債権のために倒産の瀬戸際まで追い込まれた苦い歴史がある。ビジネスモデルを変えなければ生きてこられなかったのだ。

99年に金融検査マニュアルが策定され、大規模な不良債権の計上を余儀なくされると、00年

3月期の純損益は33億円の赤字に転落した。不良債権比率は前期の8・94%から14・01%に跳ね上がり、01年3月期には、なんと23・49%まで上昇した。

預金は99年3月の1959億円から2002年3月に1608億円に、貸出金は1591億円から1216億円にそれぞれ減少した。預金、貸出金がつるべ落としのように下がり続けていく中で、幹部たちは暗澹《あんたん》とした思いで過ごしていた。

(これでは収益計画がつくれない)

それでも支店の廃止、定年制度の見直しなどの経費節減・合理化策を進めた。が、焼け石に水だった。01年3月に、全国信用協同組合連合会からの資本増強支援で、かろうじて自己資本比率の4%割れは避けられたが、混乱は収まらなかった。

02年3月期には、9億円近い赤字決算・無配に加え、組合の脱退者への払戻金が1口500円に対して、437円しか払えない額面割れとなった。

営業の現場に、深刻な状況と、02年の賞与がゼロとなることを告げると、支店長2人が退職し、若手も辞めていった。

3期連続の赤字決算という未曽有の危機に際し、高齢の網谷敏《あみたにさとし》理事長が退任し、広島県庁OBで県商工労働部長も務めた山田正司《やまだしょうじ》が02年6月、理事長に就任した。

山田は県OBながら、危機においては最適な経営者であった。何より、シンプルな経営が功を奏した。03年3月期決算の黒字化に一点集中し、経営改革に乗り出したのだ。

女性職員の制服廃止（2010年に復活）、不採算店・出張所の撤退などのリストラ策を断行する一方、山田自ら営業店をまわり、次年度の賞与を約束した。全員参加型の経営への転換を打ち出し、支店長の権限を広げた。

前年の01年12月、債権の回収ばかりではなく、収益に繋がる前向きな融資をしようと始めた多重債務者向けのローンなども強化した。

多重債務者向けローンといっても、家族に周知した上で、消費者金融などの複数のローンを一本化し、貸し出す商品だ。多重債務者は一般的に、家族に知らせずに何度も借り入れを繰り返すケースが多いからだ。家族のファイナンシャル・プラン（FP）をもとに、返済可能かどうかを判断するFP手法を使って融資する。

銀行が提供する保証会社との提携でリスクを回避する個人向けローンではなく、FPの専門家が債務の状況を判断し、保証人と常に連絡を取り続けることで返済させる手法とした。利回り改善による収益力強化が避けて通れなかったからだ。返済期間10年で最大500万円を年10%の金利で貸し出した。保証料がない分、他行の金利14%、200万円以下という貸し出し条件に対して優位性があった。家族との面談を通じて、顧客としっかりと向き合って返済を管理していけば、焦げ付きはむしろ少なかった。

02年度の実績は108件の4億7250万円で、焦げ付きはゼロだった。個人向け住宅ローンでも、保証会社がつかなければ排除していたが、保証会社がつかない住宅ローンも開発した。担保評価額の80～120%を融資する保証料不要のプロパー住宅ローン「マックス」だ。

この時期、シシンヨーの山本理事長を招いて開催した支店長会議での講演が、ケンシンの職員に衝撃を与えた。既にスピード経営に乗り出している山本の挑戦と改革はあまりにも鮮烈だった。自信満々に新たな信組のビジネスモデルを語る山本節に、ケンシン職員は危機感を覚えた。

（このままではどうなるのか。合併させられるのか。変わらなければ生き残れない）

法人取引でも、金融排除先へ入ってゆかざるを得なかった。01年度に融資部・管理部と営業店長、中小企業診断士でつくる「経営改善支援プロジェクト」チームを発足させた。

要注意以下の中小・零細企業をピックアップして調査し、現状分析と経営改善計画を立てて、経営支援することで、債務者区分のランクアップを図るものだった。貸出資産の健全性を保ちつつ、新規の不良債権を発生させないための取り組みだ。

保証付き融資を使っていくやり方もあったが、保証付き融資ができなければ金融排除するような銀行と同じ戦いをしていては、必ず勝負に敗れる。いつかは行き詰まることは自明だった。であれば、新規の資金需要を掘り起こさなければならない。

そこで、しまなみサービサーが債権を買い取った企業への融資に目を付けた。担保がなく、保証付き融資が使えなくても事業内容を分析し、短期継続融資で業況を見極めながら資金を供給していくことができるようになった。サービサーから出てくる債権は、基本的に金融排除先だ。どの銀行とも競合しない。だからこそ貸出金利の優位性があるのだ。

ケンシンは元支店長の着服を隠蔽《いんぺい》した問題で、当時の責任者だった理事長が16年6月の総代会で辞任するなど、経営上の課題は山積している。しかし、リスクのあるところにこそチャンスがある。金融排除の克服へ踏み出した一歩は、他の金融機関とのビジネスモデルの差別化という形で確実に実を結びつつある。

金融排除された事業者たちの生の言葉がある。

「初めて会社らしい、人間らしい扱いを受けた。敢えてリスクを冒してウチを助けた理由を当時の理事長に尋ねたところ、『あんたを信じられたのが一つ、あとの一つは、マルニ木工は良い会社だ。ケンシンがお役に立つなら、という思いだ』とおっしゃっていただいた」（マルニ木工の山中好文会長）

「起業より難しい第2創業でケンシンに支えてもらった。妻や親族を保証人に連れてこいとも言われず、まず人を見てくれた」（ジオレックスの野田新太郎社長）

スピードのシシンヨーがサービサーに債権を受け渡し、厳しい先の個人、法人でも諦めないケンシンがサービサーへの返済資金を融資する。
サービサーを介したエコシステムが機能しているのが広島の地域金融の強みだ。

オール京都で中小企業を再生(京都信用保証協会)

四季折々の祭事や史跡、街並みだけでなく、地域金融でも京都は独自の文化を育んでいる。京都信用保証協会を活用する保証付き融資先の中小企業が、業況不振に陥り、事業再生の必要性が生じた場合、金融機関同士が一時休戦し、メインバンクの意向を踏まえて事業再生に協力する慣行があるのだ。

まずは何よりも、京都信用保証協会、地元金融機関、京都府・京都市の行政機関、関係機関等による「オール京都」で中小企業の再生を最優先に考える体制がある。中小企業の街、京都ならではの特徴だ。

京都には事業再生のために金融機関、保証協会が手を組んできた歴史がある。79年7月に債権管理・回収のための「在京金融機関管理業務協議会」が設置され、保証協会を事務局とする金融機関の連携体制の原型が成立した。バブル崩壊後の不良債権処理を経て04年7月、この協議会の目的に「企業再生」を追加した。京都に本店を置く地元金融機関をはじめ、整理回収機構や京都府中小企業再生支援協議会など、11会員で構成する協議会として「京都再生ネットワーク会議」を立ち上げた。

世の中は不良債権処理で金融業界が大きく揺れていたが、京都では、事業再生に本腰を入れて取り組まなければならないとの認識で金融機関、関係機関で一致していたためだ。ここが京都の強みだ。

保証協会の専務理事、嵯峨《さが》哲夫《てつお》は語る。

「京都の事業再生モデルの特徴は、金融機関、行政、保証協会がリスクを3分の1ずつ負担する三方一両損《さんぽういちりょうぞん》の精神です。これを前提として会員機関の間では、『地域の企業は地域の金融機関が支える』というマインドが醸成されています。各機関の事業再生担当者の間では『再生局面では自らの利益を優先するのではなく、企業側に立ち、お互いに協力し合う』という信頼と絆《きずな》の関係が、京都再生ネットワーク会議により構築できているのです。

メインバンクは、お客様の事業の強み、弱みをどう判断しているのか。再生支援協議会を使う案件なのか、そうでないのか。どの事業を残したいのか。こうした金融調整を、保証協会と金融機関本部の再生専任部署との事前協議で行い、再生を進めていくのです」

事業再生の大きなツールとなっているのが、京都府と京都市が05年4月に創設した協調融資制度「中小企業再生支援資金」だ。

再生に必要な運転資金や設備資金を、保証期間10年（最長20年）、保証金額2億円（セーフティネット保証を活用すると最大4億円）で提供する制度だ。

これは、金融機関、京都府・京都市、保証協会の3者が、3分の1ずつリスクを負担する設計となっている。担保とするのは再生計画だ。

そして、再生支援後、3年間は6カ月ごとにモニタリングを行い、企業に寄り添って伴走支援を実践している。これらの点からも画期的だったと言えよう。

05年4月から17年3月末までで実に802社に対し、1577億1600万円を保証してきた。対象企業の従業員は2万2639人となり、雇用確保にも大きく貢献してきた。返済が困難になって保証協会が金融機関に代位弁済したのは75社で100億2100万円だった。

中小企業再生支援協議会の実績も、目を見張るものがある。再生計画策定完了案件数は2017年3月末で476社となり全国2位、その企業に対する保証承諾金額は551億1600万円で、全国1位の実績だ。

保証協会と金融の多様性

京都信用保証協会は、全国の保証協会の間からは、「先進的」と「異端児」との相反する評価を受けてきた。それは京都信用保証協会が、単に保証と回収をしていれば良いという保証協会の業務を超えた活動をしてきたからだ。その一つが前述した事業再生であり、もう一つが経営破綻に至らないようにする予防策としての経営支援だ。

07年7月に、保証後の早い段階から企業を支援するために、職員3人の専任者からなる「サポート担当チーム」を発足し、09年4月には「経営支援課サポート係」として独立させた。

さらに12年には中小企業診断士などの専門家を派遣する「京都バリューアップサポート」を開始した。これは、保証協会の職員が直接企業を訪問し、経営者から悩みや課題を聞いて、ニーズにふさわしい専門家を派遣し、企業の悩みを解決して元気になってもらう中小企業目線の事業である。1回から最大12回まで5コースを設け、専門家派遣の最終回には、取引金融機関も同席の上、専門家が報告するプログラムも組んだ。金融機関にも事業者の悩みや課題解決に向けた取り組みを共有してもらうための仕掛けだ。派遣事業の費用は、すべて保証協会が負担する施策だ。

13年3月末の中小企業金融円滑化法の終了後、経営改善が必要な企業に対しても、保証協会は支援メニューを充実させた。条件変更先等の経営改善計画の策定が必要な事業者に対する支援策として、経営改善計画の策定支援、経営の悩みなどの相談に乗る専門家派遣事業、資金繰りの安定化支援などをセットとする「統合型中小企業支援」と位置付け、保証協会が調整役を務めて、企業の成長を後押しする体制を整えた。

間違いなく京都には、地域金融エコシステムがある。しかし、なぜ京都に誕生したのだろうか。それは京都の特徴である多様性に他ならない。

バブル崩壊後、不良債権処理のために都市銀行はクモの子を散らすように手を引き、京都信用保証協会における都市銀行の保証債務残高の比率は、バブル期の90年の46・4％からバブル崩壊後の04年には5・5％に残高を大幅に減らした。一方、逃げることは許されない地元金融機関は、90年の34・8％から04年には86・7％に比率を増加させた。

都市銀行が消え、地元金融機関が台頭する過程で、結果的に勢力が均衡した。保証債務残高は京都銀行が32・5％、京都中央信用金庫が25・5％、京都信用金庫が23・6％、京都北都信用金庫が5・0％と「一強他弱」ではない。一つの圧倒的な地銀が地域を思いのままに牛耳るのではない多様性が、エゴを許さず、健全な競争環境を育むことで金融排除される事業者をつくらないような金融エコシステムを育んだ。

各金融機関の得意分野が重ならず、異なるビジネスモデルを日指してきたという点も大きい。京都銀行は、任天堂や日本電産などベンチャーから成長した企業をサポートした。京都信金は、地元の中小企業に寄り添う経営を一貫して行ってきた。京都中央信金は、住宅ローンで強みがあり、競争はあれども、得意分野が異なるのだ。

とはいえ、京都にバラ色の未来が保証されているということではない。深刻なのは中小事業者数の減少だ。95年の15万8470社から、16年には8万4702社と53・4％に激減した。

約半減だ。事業再生や経営支援だけでは足りない。

創業支援が重要な課題となる。保証協会も15年に専用窓口を設け、起業の手続きや会計などを助言するため、保証協会の職員を「創業サポーター」として設置し、また、協会が費用の全額を負担する専門家派遣事業も始めた。

事業承継への対応も急務だ。子が持ち株会社をつくることで、親の事業会社を買い取るスキームも導入した。保証協会も保証付き融資で支えている。

17年からは、企業の生産性向上を目指して、専門家と連携し経営力向上計画の策定を行うともに、継続した支援を進めていく「京都プロアップサポート」も始めた。

保証協会が多様な地域金融機関を結びつける接着剤の役割を果たす形で、京都ならではのエコシステムは築かれた。異端児と呼ばれた京都信用保証協会だが、17年6月には法改正によって、保証協会の業務が事業者の経営改善に繋がる助言や投資、金融機関との連携まで拡大された。時代が京都信用保証協会に追いついてきたのだ。

京都信用保証協会は、「総合支援サービス機関」としての取り組みを進め、さらなる「異端児」を目指さなければならないと覚悟を決めている。何よりも地元京都のために。

わずか6時間でマッチング（京都信用金庫）

京都の冬は寒い。2017年2月1日午前10時――。小雪のちらつく京都の繁華街、四条通。特に賑《にぎ》やかな大丸京都（烏丸）と京都タカシマヤ（河原町）の間で、ほぼ中間点に位置する京都信用金庫本店（京信）をIKEUCHI ORGANICの池内計司代表と阿部哲也社長が訪ねていた。京都に店舗を開店してから日が浅く、京都の事情に十分には通じていないと思った池内と阿部は、地元の信金に彼らの思いに合致する染色工場などを紹介してもらえれば、と訪れたのであった。

同じ日の夕刻のことである。筆者は金融事情の取材で京信本店を訪問し、理事長の増田《ますだ》寿幸《としゆき》と面談していた。その面談中のことである。

「今日の昼前、橋本さんの旧知である池内さんが、私たちの本店営業部を訪問してくださったようです。その時に染色工場の紹介を依頼されましてね、さっき、4件ほどご紹介したそうですよ」

と、増田は筆者に語った。

第一章で述べた通り、IKEUCHIの環境へのこだわりは半端ではない。染色工場の廃水の流れる水路には、鯉が泳ぎ、極めて厳しい基準をクリアした水しか瀬戸内の海に流さない。どの染屋でも構わないというものではない。

IKEUCHIと京信本店営業部の商談終了が午前11時として、それからわずか6時間ほどの間に、条件に見合う該当先を複数件見つけ出したということになる。

どうやって京信は、この短時間で調べたのか。

これを可能にしているのが、京信の営業の屋台骨とも言える、イントラネットを活用した独自の「ビジネスマッチング掲示板」というシステムだ。

運用は極めてシンプルだ。営業担当者は出勤時、営業で外回りに出発する時、外回りから戻った時など、頻繁に掲示板をチェックしている。1日で多い場合は5〜6回チェックすることもある。ここに顧客からの販路や仕入れ先の紹介依頼、今回のIKEUCHIのように協業相手を探しているなどの書き込みが次々に掲載されていく。

京信が目指すのは、単なる預金取扱と貸出金融機関ではない。経営改善支援や事業再生で特色ある信金でなければならない。それは課題解決型金融だ。しかし、この道、何十年と専業でやってきた事業者に対し、一介の金融マンが何を解決できるというのか。この問題意識から08年に導入（09年に本格運用）されたのが、ビジネスマッチング掲示板だ。事業者のニーズや悩み事に関する情報を共有化し、組織全体でマッチングのために行動し、事業者と伴走しながら解決策を見つけ出していく営業への転換こそが付加価値を生むはずだという考えだ。

京信の経営理念は、

「コミュニティ・バンクとして、金融サービスを通じて地域社会に新たな社会的紐帯《ちゅうたい》、人々の絆を育むこと」

だ。2008年に理事長に就任した増田は当時のインタビューなどで、

「雨の日に傘が差せる地域金融機関になりたい」

と、抱負を語ったという。

11年には、中小零細事業者の工場が建ち並ぶ大阪府門真市に、ユニークで実験的な店舗を出した。職員は若手中心の8人。5階の空中店舗で人目につかない。目立った看板もない。外見からは京信の門真支店がそこにあるとは思いもつかない。なんと、この門真支店は、貸し出しどころか、預金獲得営業も、投資信託・保険商品販売もしないのだ。ただひたすら、マッチングシステムを使った課題解決営業をしているのだ。「借りてください」「お願い取引」は禁句だ。顧客が「取引をしてほしい」と言ってくるまで、徹底してマッチング業務に注力するのだ。

「そんなけったいな金融機関あらへんで」

と、大抵の事業者は驚くという。

工業団地という土地柄、油にまみれた工場が多い。門真支店の営業担当はスーツにネクタイ姿はNG。作業着の青い「ナッパ服」を制服としているのだ。

門真支店に配属された3年目の職員が増田に話したという。

「ここで地域金融の仕事が初めてできたと感じています。残高がほしい、金利がほしい、カー

ド契約がほしいということをお客様に言う必要がないからです。真にお客様と同じ目線で話すことができるからです」

共感を探して

ただ、ビジネスマッチング掲示板のシステムを導入しさえすれば営業が変わるというのは、甘い幻想だ。課題解決型金融はそのような生やさしいものではない。組織内のコミュニケーション戦略、業績評価のあり方など、すべて変えなければ人は、そして組織は動かないからだ。

貸出残高などの営業ノルマを課すと、相対評価が強く意識される。つまり、隣の営業担当者、他の支店が最大のライバルになる。当然、敵に塩を送ることはなくなり、評価者である支店長と営業担当者だけの間で営業のノウハウや気づきがやりとりされるだけにとどまり、営業は「タコつぼ化」していく。結果、銀行内のベストプラクティスは属人的なもので終わり、顧客へのサービスが現場レベルで磨かれていくことはまずない。みちのく銀行が克服しようとした課題と共通している。また、どれだけ上から促しても、マッチングシステムを見ることが自己目的化してしまう。これでは本末転倒だ。

京信は、顧客の課題解決のためのツールとしてだけではなく、マッチング掲示板という触媒を使った営業と組織の改革に取り組もうとしている。それは情報の共有化を通じた「共感探し」に他ならない。

京信では、幹部、職員の誰もが身につまされ、感動し、涙するような顧客との体験エピソードの発掘に力を入れてきた。

そうしたエピソードを数多く、しかも継続的に創出できる職員は、事業者との対話力、課題解決力があり、そして何よりも寄り添う心があるはずだからだ。1回限りの収奪型の収益を上げた者が出世していく評価体系では、顧客との共通価値の創造などは望めない。

ゴマすりの巧みさで人事が決まるのではなく、より多くの職員から共感を集め続けることができるかが、これからの地域金融を担う人材に求められる資質なのだ。

こうして京都信金は17年4月、営業ノルマを廃止した。現在、営業ノルマに替わる評価体系の確立を模索している。

増田は、京都大学理学部卒で数学者を目指そうとした理系思考の持ち主だ。営業ノルマに替わる新たな評価体系を考えていく上での問題意識を筆者に語った。

「まだアイデアの一つとして考えているところですが、数値化が難しい行動プロセス評価にこそ、ヒトではなく、ＩＴの活用が有効なのではないでしょうか。ビジネスマッチング掲示板には『いいね』ボタンがあります。多くの職員から共感を得るとは、多くの『いいね』を集めることとも考えられます。一部の上層部の好き嫌いではなく、客観的なＩＴを活用して、若い職員も含めた多数決によって評価を決めるべきなのです。これによって、組織の上を見て行動するのではなく、顧客本位で行動した者こそ評価されるはずです」

京信は、13年に創業90周年を迎えるに当たり、経営のクレド（信条）をつくろうという動きになった。しかし、会議への参加を求められた増田は、疑問を呈した。

「そもそもクレドは今、誰かが決めるというものなのだろうか」

その一言で、策定は延期となった。代わりに始めたのが3カ月に1回、感動したエピソードを集めて、一番素晴らしいものをクレドエピソードとして発表することだ。

クレドとは、誰か一人が決めて、従業員が従っていくというものでは本来ない。多くの共感を集めたエピソードを蓄積していくことで、いつしかそれらのエキスが結晶化したものがクレドであるはずだ。京信は創業１００周年の、その時に自然と完成しているようにクレドエピソードを蓄積し、共有の作業を続けている。

共感を探し続けるということは、自己本位の営業ノルマから脱して、地域社会の役に立つ持続可能性ある地域金融を追い求める旅であるのかもしれない。

京信は地域金融の可能性という実験に挑んでいる。

顧客の売り上げ向上への貢献が本業（豊和銀行）

16年8月2日、ゲリラ豪雨と強い日差しがめまぐるしく入れ替わる空の下、東京・霞が関の金融庁では金融機能強化法で公的資金の資本注入を受けた第二地銀の計画認可をめぐる第20回金融機能強化審査会が開催された。

金融機能強化審査会の会長代理を務める多胡秀人らのほか、金融庁側は遠藤俊英《えんどうとしひで》監督局長を筆頭に幹部がずらりと並んだ。

豊和銀行（大分市）の権藤淳《ごんどうあつし》頭取は、幾分緊張した面持ちでこの会議に臨んだ。

権藤が提示した経営計画の柱は、融資・預金と並ぶ「第3の本業」の創設だ。全行挙げて、顧客の売り上げ向上に貢献する活動をしていくというプロジェクトだ。

親密行の南日本銀行（鹿児島市）が11年から取り組んできた事業を豊和銀行独自の手法でアレンジしたもので、公的資金の注入行として中小企業支援に最大限取り組む決意表明だった。

「地元には縁のない保険会社の商品を販売することとは異なり、地元の顧客の商品を販売するということですね」

豊和の新プロジェクトに多胡が強い関心を示した。

「販路拡大のコンサルをするということですが、その場合のメリットが私には3つ考えられます。豊和銀行として考えている優先順位を教えてください」

金融庁に対して、公的資金注入行として単に見栄えを良くするだけのパフォーマンス的な取り組みは許さないという、多胡からの本質をえぐる鋭い質問が飛んだ。

銀行が顧客の商品販売の協力をすることは、リレバンを徹底させるために03年6月に実施された事務ガイドラインの変更で認められている。ビジネスマッチングで銀行が手数料を受け取れるのと同じと考えれば良い。もっとも貸出目標、ノルマ主義にとらわれた多くの銀行は貸し出し以外の手数料事業で満足度を高め、顧客の成長とともに増加運転資金を創出して、取引を拡大していくという発想自体が持てないのではあるが。

多胡が権藤に提示した顧客への販路拡大支援による銀行のメリットとは次の通りだ。

①顧客の売り上げが増えて、信用格付けが上がると、回収できないと損失処理をしていた貸倒引当金が銀行に戻ってくる。
②銀行の手数料収入が増える。
③顧客の増加運転資金、新規の設備投資資金が生まれる。

権藤は多胡の視線から目をそらすことなく答えた。

「①、③、②の順です。手数料収入が最優先になってはいけません。顧客満足度を優先します」

権藤の確信に満ちた回答に多胡が頷いた。

まずは厳しい先、困っている顧客企業の売り上げの向上を支援し、成長・回復に繋げる。それによって銀行側に跳ね返ってくる引当金の戻し益、新規の資金需要、最後に手数料をいただくという発想だ。銀行の手数料が最優先では、中小企業支援という金融機能強化法の精神にも反するからだ。

「お客様の商品を売るということは、お客様の事業を理解しなければできないことです」

権藤の発言は、多胡を含め、その場の金融庁幹部にも響いた。森金融行政が打ち出している顧客企業の事業内容や将来性を見極めて取引する「事業性評価」そのものだからだ。また、評価シートの作成や評価作業に時間を費やすだけの銀行が多く、最も肝心なはずの顧客のもとに足を運ぶ活動が遅々として進んでいなかったからだ。

精緻なシートの作成に多大な労力を費やすよりも、まずは顧客のもとに飛び込んで一緒に商品を売ることが、卸売りから商品力の強み、弱みを聞き、市場での競争力を見極めて、事業性を理解することに繋がるはずだ。特に顧客密着を標榜する第二地銀、信組など小回りの利く組織ほど、これを実践しやすい立ち位置にいるはずだ。

金融庁が万能の事業性評価モデルを隠し持っているわけではない。それぞれの地域の事業性評価と、それを牛かした独自のビジネスモデルを確立してもらいたいと思っているだけだ。

豊和銀行は体制を整え、16年11月から「販路開拓コンサルティング（Vサポート）」のサービスを正式に開始した。17年9月末時点で31社と業務委託契約を結んでいる。販路開拓のみならず、その後の買い手との交渉、売り上げ入金まで一貫して支援しているコンサルティングサービスだ。単なる販路紹介ではなく、顧客企業の業績向上という結果に繋げるもので、ただの掛け声ではない、全行を挙げて取り組む本業だからこその成果報酬型の有料サービスだ。

増加した売り上げに応じて手数料を受け取るが、一定の目標に売り上げが達しない場合は、手数料が発生しない仕組みだ。豊和のサービスによって売り上げが増加したかどうかの判断も顧客に委ねている。

「朝、出勤が楽しみで仕方がない」

豊和銀行は不良債権問題で06年3月期に大幅な赤字を計上した。自己資本比率は国内基準行に求められる4％を大幅に下回る2・2％まで低下した。倒産寸前まで追い込まれたが、なんとか公的資金の資本注入で窮地をしのいだ。しかし、今度はコンプライアンス問題が相次ぎ、金融庁から業務改善命令を受けた。その後、三和銀行（現三菱東京ＵＦＪ銀行）出身でジェーシービー（ＪＣＢ）取締役から豊和銀行に転籍していた専務の権藤が12年6月に頭取に昇格し、正常化に向けて悪戦苦闘し続けた同銀行にも薄日が差し始めることになった。

14年3月には、地域の中小企業への積極的な貸し出しを求める改正金融機能強化法に基づく公的資金の資本注入に切り替えた。

「経営、業績がピカピカの企業に対しては、当たり前だが貸出競争は激しい。僕らのミッションは、業況は厳しいが技術力を持っていたり、社長が真摯に頑張っていたり、我々が助けなければ誰も助けないというお客様を応援することです」

と、権藤は語る。

ただ、口で言うほど、簡単なものではない。銀行には貸倒引当金という避けられない会計ルールがある。内部格付けが要注意先以下になると、貸した瞬間に相応の貸倒引当金を費用として計上しなければならず、いわば血を流し続けながら融資をしなければならない。

厳しい先を金融排除したがるのは、銀行決算を守る（すなわち自身の業績評価の）ための銀行員の防衛本能なのだ。しかし、顧客を選び放題ではない地域においては悪循環しか生まない。厳しい先の事業者に支援の手が差し伸べられることは永久にないからだ。マラソンが趣味でもある権藤は、公的資金という機会を使って、この悪循環を好循環のビジネスモデルに組み替えるために粘り強く走り続けてきたのだ。

こうして14年4月から開始したのが、金融排除されるような厳しい先でも、経営改善計画の策定とセットで貸し出しをしていく営業活動である「経営改善応援ファンド」だ。業績評価も連動させて、営業担当者の動機付けをした。

経営改善応援ファンドが資金面から事業者を支える取り組みであるのに対し、16年11月に始めた「Vサポート」は、本業の売り上げでも貢献するという第2弾の取り組みだ。

特に小規模、零細事業者にとって、売り上げはすべてを癒やす。事業者の業況が改善すれば、発生していた貸倒引当金を減らすことができるという相乗効果が期待できるというわけだ。

売り手には、悩みだけでなく、今までの成功事例を綿密にヒアリングし、強みと弱みを「見える化」していく。そして顧客が希望する買い手となる、豊和銀行の取引先への販路拡大を目指すのだ。

一つの実践事例だ。

大分県のある写真館が、卒業文集の集合写真の撮影日に欠席したり、不登校だった児童・生徒の顔写真を別枠で載せるのではなく、集合写真に合成するサービスを手掛けていた。写真館にとっては長年続けてきた当たり前のサービスだ。

しかし、学校や保護者、そして児童・生徒にとっては、一生に一度の非常に大切な瞬間であり、写真館の心のこもったこのサービスには潜在的な需要があったのだ。

豊和銀行は、綿密なヒアリングシートを作成し、写真館自身が気づかなかった事業価値を掘り起こし、モノありきではないマッチングを成功させたのだ。

支店、個人の業績評価もVサポートと連動させた。目先の仕事は増えるが、売り上げ貢献活動を本業とすることで、顧客との接点も増え、増加運転資金や設備投資の資金需要を発掘しやすくなる。副業ではなく本業としている狙いもここにある。

権藤は、初年度は全42店の取り組みで10件も成約できれば良いと件数を抑えた。契約件数を追うのではなく、一件一件の売り上げをきっちり伸ばし、業績改善に繋げなければ、取り組みの質がなし崩しになると思ったからだ。

2016年12月、筆者が権藤頭取に、この件を取材している時だった。説明のために同席していたVサポートを担当する本部幹部の一人がぽつりとつぶやいた。

「支店で営業ノルマに追われていた頃は、ノルマの管理、苦情などに苛まれて、出勤するのがつらい日も正直ありました。しかし、Vサポートをするようになってからは、お客様から『ウチの商品も売ってくれないか』とか、支店の行員からは『こんな案件がありました！』と嬉しい依頼や報告が来るようになりました。毎朝、出勤するのが楽しみで仕方がありません。今日はどんないい話が来ているのかな、と」

仕事の忙しさには、大抵の人は耐えられる。問題は、その仕事に意味と使命感と満足感を持って打ち込めるか、だ。銀行の経営層は、現場の営業担当者に尋ねてみるといい。「毎朝、出勤するのが楽しみで仕方がないか？」と。何よりの自身の経営のバロメーターになるはずだ。

第四章「排除」の大河に架ける橋

事業者と金融機関を分かつ「金融排除の大河」に橋を架けようとする人間たちがいる。排除はごくわずかの人間によって、密室でいとも簡単に決まるが、排除を包摂に変えるドラマには、決して表に出ることはない多くの人々がかかわっている。

第四章では、排除を克服しようとする人の繫がりのチカラを考える。

人間交差点

東京・仲御徒町は、アジア系、アラブ系の人種が行き交う多国籍の色彩が濃厚な下町である。地下鉄日比谷線の駅出口から徒歩2分のビルに拠点を構える、小さな事務所がある。

銀行から見捨てられ、行き場を失った中小企業の経営者がわらをもつかむ思いで最後に訪ねるのが、この事務所だ。築30年以上のビル7階、エレベーターを降りて、すぐ脇の713号室の表札には「星野経済研究所」と掲げられている。

桜の開花が珍しく遅れ、花見の最盛期をようやく迎えた2017年4月初旬、筆者はこの事務所を訪れた。20平米の手狭なマンションの一室に通され、資料に囲まれたテーブルの席に筆者は腰を下ろし、星野昇代表を取材した。

「橋本さんの座っている、ちょうど同じ椅子に座っていましたね。おふたりとも必死でしたが、不思議と絶望はしていませんでした。諦めない男の顔でした」

星野は穏やかな関西弁で語り出した。

星野が言う「ちょうど同じ席に座った2人」とは、なんと第一章で本書に登場したIKEUCHI ORGANICの池内計司と、大阪の老舗魚屋「深廣」の深井勝だ。2人はお互いを知らない。池内は12年3月22日、深井は10年12月14日に、それぞれ人を介して星野の事務所を訪れていた。

ここでは様々な人間が交錯し、ドラマが生まれていく。さながら「人間交差点」といったところだろうか。

なぜ、池内や深井など壮絶な金融排除を受けた者たちが、磁力に引かれるように、ここを訪れるのだろうか。それは星野が金融に精通し、融資の駆け引き、落としどころを熟知していながら、厳しい状況の事業者に寄り添ったサポートをし続けているからだ。言い方を変えれば、他に金融排除から救い出してくれる「包摂者」が見つからないからだ。

顧問税理士は、事業者の心情には寄り添ってくれる。しかし、ファイナンスの「勘所」や銀行の「生態」については不案内な者が多く、金融排除から包摂へ救い出す水先案内人は務まらない。「橋渡し」が務まる者が少ないことが、排除の一因でもあるのだ。

また、金融出身者が経営コンサルタントと称し、事業者の顧問となり、金融排除を解決するでもなく、高額の手数料報酬を巻き上げている「ゴロツキ」は少なくない。

しかし、星野のような志を持った、大義と正義感で行動する人間も確かにいるのだ。

星野はノンバンクのインター出身だ。1979年11月～2007年11月まで、星野は28年間インターに勤め、トータル20億円超の7～8割を無担保で貸し付け、焦げ付きは約500万円程度だったという名うての金貸しだ。

ノンバンク時代の通算成績で、融資が回収できなかったいわゆる「焦げ付き」は、手形詐欺にあった2件だけだったという。インター時代の星野の顧客は、銀行に見捨てられた事業者がほとんどだ。そうした顧客を相手に、星野はどのような無担保融資をしてきたのか。

ノンバンクの世界を忌み嫌うだけでは何も見えてこない。金融排除の世界で、金貸しのプロが発揮する嗅覚《きゅうかく》とはどういうものか。銀行のそれとはどこが違うのか。

「取り立て」しない金貸し

星野は風変わりな男である。1951年、仙台の生まれだ。決して裕福ではない家庭で育った。自動車整備会社や飲食店を経営してきた父の姿を見て育った星野は、幼いながら「早く世間に出て一人前になって稼いで、親を楽にさせたい」との思いで、中学卒業と同時に飲食店などで働き始めた。

その後、星野は、早くに死別することになる元妻の親族の紹介で、当時のインターナショナル商事（のちのインター）で働き始めることになった。

（そんな怪しい金貸し業で働きたくない。適当な理由をつけて辞退しよう）

気乗りしない星野は、インターナショナル商事の事務所を訪れた。

怖い風貌《ふうぼう》の従業員が、じろりとこちらをにらみつけてきた。どうせ断るのだから――。当時30代の若い社長と面談した星野は、思い切って申し出た。

「私は取り立てをしません。複数でお客さんのところへ一緒に行っても、取り立てはしません」

金貸しの採用面接で、取り立て業務を拒否する。これ以上ない格好の断りの理由だった。しかし、意外なことに紳士然とした当時の社長は、ほほ笑んだ。

「分かりました。それで構いません」

と、あっけなく星野の条件を呑んだのだ。

断るきっかけを失った星野は、取り立てをしない金貸しとしての奇妙なキャリアをスタートさせた。

回収と取り立ては異なる。回収は、返済が困難になった場合、借り手である債務者、あるいは保証人に残りの債務を返済させる手続きだ。一方、取り立ては、禁止事項が法律で定められているが、債務者の自宅を訪れるなどの借金の督促だ。一般人には「怖い金融の人」というイメージが想起されるかもしれない。それを星野は、一度もやらなかった。

ノンバンクのプロの目線

担保・保証を取らず、取り立てもしない星野のようなノンバンクのプロは、どのように顧客を見ているのだろうか。金融排除をしている銀行と見える景色は随分違うはずだ。

星野は、インター時代、上場を目指して財務も担当し、地銀など49行からの資金調達を成功させた経験もある。いわば「金貸し」と「借り入れ」、双方の立場に身を置いた。だからこそ、事業者、銀行の双方の事情がよく分かり、財務全般のコンサルタント業務を手掛けることができるのだという。

コンサル業を始めて、星野は気づいた。

（銀行は、事業者の申告内容の「欠点」ばかりを見ているのか。我々は申告内容自体よりも、正直に申告しているかどうか、その人を見ている。随分と違うものだ）

見ているところが根本的に違うのだ。お金を借りようとする時、人は大抵自分や会社を良く見せようとする。当たり前のことだ。月商は最も好調だった時のことを話す。ゴルフのベストスコアをアベレージスコアのように話すのと同じだ。当然の人間心理だ。

土地・建物の登記の場合、建物の名義人は事業者本人だが、土地の名義人は親族だったりする場合がある。星野によれば、ノンバンクでお金を借りようとする事業者の中には、いずれも事業者本人の登記であるかのように偽って申告するケースもある。後になって、法務局に出向いて裏付け調査をした時点で、申告の誤りが露呈するのだ。

星野は語る。

「金貸しにとって、土地・建物の名義人が誰かということが、融資判断において決定的なポイントにはなりません。どちらも他人名義で構わないのです。『この人ならば貸せる』という判断をするには、その人の欠点をいくら見ても何も分かりません。そうではなく、事実を正直に申告しているのか。公共料金の支払い、整理整頓、掃除がきちんと行き届いているのか、その誠実さを見ているのです。完璧な人間などいません。逆に不自然です。信頼関係が築けない人にお金を貸せますか？　返してもらえると信じられますか？」

多くの銀行、信金信組にとって重要なのは、借り手の「誠実さ」などではなく、申告内容の欠点であり、「ウソをつかない担保や保証」だ。それが常態化してしまったことが顧客とのコミュニケーション能力を喪失させ、顧客の虚実を見抜けなくなっている銀行、信金信組の目利き力の低下に繋がっているのかもしれない。

延滞は「恵みの雨」か

銀行は「預金者保護」を掲げて、返済至上主義の正当性を唱えるが、ノンバンクにおいても返済は極めて重要だ。

その返済一つをとっても、銀行とノンバンクとで考え方が大きく異なる。

例えば、返済期日に債務者が返済しないとする。星野によれば、ノンバンクでは返済期日から支払いが1週間遅れれば、即座に延滞扱いとなる。事業の確認、連帯保証人などへの連絡、場合によっては保証人からの回収が実行に移される。信頼関係において、延滞は看過できない重大問題だからだ。

債務者本人に悪意があるのか、あるいは売掛債権が不慮のトラブルで回収できないなどの不可抗力があるのか。いずれにせよ、一刻も早く事実関係を突き止めなくてはならない。

一方、銀行の世界では異なる。延滞は1カ月以上を指す場合が多いという。なぜか。

ある地銀幹部はこう明かす。

「延滞は金利の高い延滞料を追加で取れますので、実はありがたい『恵みの雨』なのです。同じような性質として、事業再生に及び腰である一因もここにあります。返済猶予先への抜本的な事業再生に踏み込まないのは、割高な金利を取れるからです。早期の事業再生が事業者のためになるはずだという顧客本位のあり方を突きつけられると、お恥ずかしい次第ですが、利益至上主義なのです」

他にも星野がこだわるポイントはいくつもある。銀行は必ず過去3期分の決算書の提出を求める。しかし、星野がより重視するのが、直近6カ月の売り上げだという。お金を借りに来ているということは、直近の状況をまず見なくてはならないというわけだ。もし、3月期決算企業が、4月に借りに来た場合、まだ決算書の作成が固まっていなければ、1年以上前の業績が「最新情報」ということになってしまう。

また貸付、管理、回収が分業になっている銀行に対し、星野が所属したインターは、一人が一括で行っていた。だからこそ案件への責任感が違ってくるのだという。

そして何より肝心なのが、「目視と現認」だという。保証があってもトラブルが起きかねないケースもあるため、法務局などでの裏付け調査は必ず行う。

さらに業種で差別する銀行とは異なり、債権の質を見ていく。売掛金と買掛金のバランスが崩れていないかも重要だ。資金繰り不安に直結するからだ。総資産と総借金の上位と下位の3項目ずつを照らし合わせ、突出しているものがないかという点も粉飾を見抜くポイントだ。

多くの銀行、信金信組は、返済、回収、保全、あるいは利益優先という大義名分に名を借りて、いつしか楽な金融、考えない金融に変質してしまっていることを直視していないだけなのだ。

「いい会社を応援する」鎌倉投信

古都鎌倉、鶴岡八幡宮の南東数百メートルに位置する鎌倉市雪ノ下。古民家を再生した日本家屋を拠点とする資産運用会社「鎌倉投信」がある。17年7月盛夏、うだるような暑さの中、筆者は社屋を訪問した。

「ごめんください」

ここは鎌倉。しかも、玄関が網戸の古民家だったからだろうか、資産運用会社の取材で来たにしては、やや珍妙な挨拶をしている自分に気づいた。

網戸越しに人影が現れたかと思うと、

「ああ、どうも。ようこそいらっしゃいました」

と、運用責任者・新井和宏が半袖姿の涼しい顔で現れた。クーラーがない蒸した部屋に通された。扇風機の風に涼を求め、汗を拭いながら取材は始まった。

「お金儲けしか考えていない人は、こんなところまで来ませんよね」

と、笑いながら新井は穏やかに話し始めた。確かに変わった資産運用会社だ。

投資先の企業に「鎌倉投信は役に立っているか」とアンケートを取るのだという。鎌倉投信にとって、投資とは手段に過ぎない。いい会社を応援するのが目的だ。いい会社を育てれば、運用成績は後からついてくるのだという。「普通の運用会社」であれば、腹を抱えて笑われるような話だ。

投資家との関係も普通ではない。ひとたび、投資先が不祥事を起こそうものなら、

「こんなことを起こして、どこがいい会社なのか」

と、鎌倉投信に投資家から、すかさずクレームの電話がガンガン入る。鎌倉投信の顧客1万7000人自体が、投資先をモニターし続けている消費者でもあるからだ。

クレームの電話が入ると、新井は当該企業のところへ飛んでいく。どのような事情なのか。クレームを貴重な宝と受け止め、改善する気があるのか。その真剣さを確認しに行くためだ。深刻な危機感を持てないような会社には投資をしない。

それでいて実績として8％程度の運用利回りを出す運用会社なのだから、注目を集めるのも頷ける。

新井は、挫折を知る男だ。住友信託銀行（現三井住友信託銀行）を経て、有力資産運用会社「バークレイズ・グローバル・インベスターズ」（現ブラックロック・ジャパン）に転職し、ファンドマネージャーとして活躍したが、日々、数十、数百億円単位で動くお金の運用が、知らず知らずのうちに新井の神経を蝕《むしば》んでいた。

新井は旅行先で突然、体調を崩し、その後、辞職を余儀なくされた。追い打ちをかけるようにリーマン・ショックが発生し、新井が信じてきた金融工学を駆使し、人間性を極力排除した「科学による投資」が音を立てて崩れていった。

新井も創業メンバーとして加わる鎌倉投信は、その混乱の真っ只中《ただなか》、08年11月に設立（10年3月から運用開始）された。

繋がる人のチカラ

病気療養を兼ねて投資先を探していた新井は09年、「風で織るタオル」という変わったコンセプトを打ち出していた池内タオルを訪問した。池内の取り組むエコの本気度をさぐるためだ。といっても、身分を隠し、地元の子ども向け「タオル折り紙教室」に参加した。

しかし、同行するはずの妻は都合がつかず、新井一人、地元の子どもに交じって、タオルでクマの形を折ったのだ。新井は当時を笑って振り返る。

「相当な不審者と警戒されましたが、池内社長（現代表）に名刺を差し出したら『そういうことかいな』となり、池内タオルが環境問題について本気でなんとかしようと思っていることが分かりました」

新井と池内は定期的に面談を重ねたが、当時は鎌倉投信のファンドサイズもまだ小さく、1億円の負債を抱える池内タオルへの投資は難しかった。公募投信が非上場会社の株式に投資するには、時価評価、流動性の確保が難しい。

一方、池内タオルは私募債の発行は可能だったが、証券保管振替機構（ほふり）を活用しなければならず、社債発行における財務代理人の役割を担う金融機関の協力が必要だった。動いたのは、鎌倉投信が投資する社債の別の案件でもかかわっていた三菱ＵＦＪ信託銀行だ。

こうして足かけ4年、13年6月に鎌倉投信はついに池内タオルの私募債に投資することができた。03年から10年続いた、池内タオルの金融排除の長い夜は明けた。

ちょうど同じ時期、池内タオルの支援に乗り出していた星野は13年10月、ある地銀から池内タオルへの4000万円の融資案件を取り付けていた。

あくる年の1月29日午前10時半、星野は、筆者と同じく鎌倉投信を訪れ、新井と面会した。ここで新井は星野に切り出した。

「この際、(金融排除をしてきた)メインバンクに一括返済した方が良いのではないですか」

池内タオルを支えようという金融包摂の同志たちがそろい、新たなファイナンスの枠組みが整いつつあった。しかし、メインバンクが一括返済を受け入れ、出ていくのに、さらに1年半がかかったという。嫌がらせだ。排除の闇は、どこまでも暗く、深い。

新井は語る。

「ＩＫＥＵＣＨＩ　ＯＲＧＡＮＩＣは当時、金融排除のレッテルを貼られ、誰も手を差し伸べようとしませんでした。僕らが支えなければ、この会社は生き残れない。他にできないことだから、僕らがやるんだという想いでした。リスクはありましたが、どうしたら投資できる状態になるだろうか、と決して諦めず、まさに我慢比べの4年でした」

キャリアを振り切れ

15年2月、鎌倉投信が開いた個人投資家向け説明会への参加をきっかけに、その5カ月後、ＩＫＥＵＣＨＩに一人の男が入社した。営業部・マーケティング・ディレクターの牟田口武志《むたぐちたけし》だ。

牟田口はアマゾンジャパンからの転職者だ。アマゾン在籍時代、興味本位で、鎌倉投信を訪れ、新井の話を聞いた。見た目だけではなく、質や細部のつくりこみまで、本気でものづくりをしている会社を探していたからだ。牟田口は転職の動機を次のように回答した。

「アマゾンに3年ほどいて、新井さんの話を聞き、自分のキャリアだけを考える人生、大企業の看板で働くことに対する違和感（自分が何かを成し遂げたわけでもなく、あくまでできあがった枠の中で働くこと）を覚えてきて、次に転職するのであれば、まったく違う軸で社会に貢献したい。自分のキャリアを思い切り、振り切りたいと思ったのがきっかけです」

その中で、IKEUCHIを選んだのはなぜか。

「過去に一度、民事再生をして、熱狂的なファンに支えられて復活した話を聞いて、それだけお客様に愛されるメーカーはなかなかないと、強く心に残りました。ちょうど日本製品が海外から引き合いが強くなっていた頃でもあるので、いつかはものづくりをする会社で働きたいという想いがありました。ただ、IKEUCHIに転職するとは夢にも思いませんでした」

牟田口は転職を決意し、いくつかの会社をまわったが、心に響くところはなかった。そうした中で思い出したのが、IKEUCHIだったという。

人の出逢いとは奇妙なものだ。牟田口がIKEUCHIに転職しなければ、筆者が牟田口を取材し、本で取り上げることはなかっただろう。

「偽りのないものづくりをしているので、自信を持って製品をお客様にご紹介できます。これまで経験のなかった広報の仕事を兼務していますが、ものづくりの現場をそのままダイレクトにメディアやお客様に伝え、ファンになってもらう仕事なので、その熱が伝わった時は特にやりがいを感じます。こんな30人足らずの地方の会社でも、興味を持って話を聞いてくださる方が多いです。会社の資産である商品と、その背景にあるものづくりの考え方によるところが大きいです」

阿部社長は語る。

「鎌倉投信がなければ、今のウチはありません。鎌倉投信の投信受益者向け運用報告を通じて、多くの投資家の方々に知っていただき、ウチのファンになっていただきました」

金融排除を克服するのは、確かに並大抵のことではない。しかし、諦めない意志と「繋がる人のチカラ」を結集すれば、必ず答えはある。

「何でも応援団」の大阪産業創造館

中小企業のビジネスをサポートする大阪市の外郭団体「大阪産業創造館」にいる竹内心作《たけうちしんさく》の名刺の肩書は長い。「マーケティング支援チーム／シニアプランナー兼中小企業応援団事業／海外展開支援事業　統括責任者」と、書いてある。要は、中小企業の「何でも応援団」だ。

竹内は82年生まれの岡山県出身。父親は百十四銀行の行員だった。同志社大を卒業して就職活動を迎えたが、一生をかける業種を絞りきれず、結局、父と同じ銀行員の道を選んだ。

ただ、より公的な立場で中小事業者の支援にかかわりたいという思いが強かったことから、05年4月、商工中金を選んだ。

しかし、リーマン・ショック後、景況の悪化で一時的に売り上げなどが落ち込み、資金繰りが厳しくなった事業者に商工中金が低利で融資する「危機対応業務」の取り扱いをめぐって、竹内は苦悶《くもん》した。営業ノルマを課して、顧客ニーズとは無関係に融資していく会社の姿勢に疑問を持つようになったのだ。

（「お金はいらない」という事業者に無理にお願いをして、危機対応業務で借りてもらうことの意味は何なのか）

竹内の悩みは深くなり、ついに09年3月、商工中金を辞め、大阪産業創造館へ転籍した。

産業創造館は、01年1月、中小・ベンチャー企業のための支援拠点として設立された。大阪市経済戦略局の外郭団体「公益財団法人大阪市都市型産業振興センター」が運営している。

「給与は下がるし、どうしてそんな選択をするんだ」

商工中金の同僚は、口をそろえて思いとどまるように言ったが、竹内の決意は固かった。

産業創造館（産創館）に来て、竹内は痛感した。

（47都道府県に必ず中小企業支援の拠点はあるが、機能しているとは言い難い。それは金融機関と密接に連携した上での顧客企業の支援態勢が整っていないからだ）

「融資」を超える「商機拡大」

銀行員に同行して取引先の会社を訪問するうちに、竹内は気づいた。例えば、顧客企業から人材の紹介や販路の開拓を求められた時、

「ああ、それは当行ではできかねます」

と、銀行の営業担当者があっさりと断っているケースが多いということだった。

(もったいない。せっかく取引先の事業者がニーズを示してくれているのに、ここで終わりにしてしまうのか)

しかし、銀行の営業担当者に悪意があるわけではなかった。ツテやルート、手持ちのカードが現場の銀行員には乏しく、また組織的にも「よろず相談」をさばくような後方支援の部署もなく、顧客企業の成長に繋がるせっかくのビジネスチャンスをみすみす捨ててしまっているのだった。

しかし、顧客の課題を解決できず、潜在的な資金需要を掘り起こさなかったという意味においては、実質的には排除に他ならなかった。

竹内は、銀行員の手に余る顧客企業のニーズを、できるだけ産創館が受け止める仕組みを構築できないだろうか、と真剣に考え始めた。産創館による金融包摂の道だ。

産創館に移って1年後、竹内は満を持して温めた企画のプレゼンテーションを大阪市に対し

て行った。中小企業応援団プロジェクトだ。

・中小企業の本業支援ニーズは高い。お金の面だけでなく金融機関と協業できないか。
・金融機関と組めば、中小企業を多面的に支援できるはず。
・金融機関一つ一つのポテンシャルは高い。産創館が間に入れば、これらの横の繋がりもできるはず。

竹内は、こうした問題意識を市に対して、粘り強く説明し、ようやく理解を得た。応援団プロジェクトが始動したのだ。11年4月21日の結団式には、26金融機関（当時）が参加した。

竹内は、この中でも特に意欲を示していた金融機関を一社一社訪問して、取り組みの具体像をプレゼンした。

「応援団の設立趣旨には『融資』の2文字は一切出てきません」

と、竹内は意外なことを筆者に語った。狙いはこうだ。

「連携して中小企業の『商機拡大』に繋げる、と書いてあります。あくまでも本業支援のための取り組みなんです。単に銀行の貸し出しを伸ばすことが目的ではありません」

応援団プロジェクトの最大の特徴である、銀行の営業担当者と産創館の職員が一緒に企業と面談する「同行訪問」は、竹内が始めた取り組みだ。

竹内には金融機関の営業担当者のもどかしい気持ちがよく分かっていた。事業者のニーズに応え、事業の成長に協力したいと思っていても、銀行員の日常がそれを許さない。投信や保険販売の資格の勉強や貸し出しノルマの消化で毎日がめまぐるしく過ぎてゆく。決算書をもらっても、その場で事業者と、まともな議論もできず、システムに入力して打ち出された財務指標の本質的な意味も分からないまま、「ピザのデリバリー」よろしく走りまわるのが、今の若手銀行員の毎日なのだ。

竹内は、筆者に語った。

「商工中金時代、取引先に行くと『販売先の開拓や人材の採用に課題があるんだ』と社長から言われました。しかし、本部の担当者による同行訪問はおろか、誰も助けてくれませんでした。そういった経験から、今度は自分が銀行の営業担当者に同行訪問して助けたいという強い気持ちがありました」

同行訪問の実態も興味深い。竹内によれば、同行訪問の依頼は、銀行の「本部」から来ることもあるが、8割以上は「営業店」から直接来るのだという。本部の意向はどうあれ、現場の営業店では「なんとかしたい」という気持ちはあるが、どうしていいか分からずに、ニーズに応えることができないという状況が常態化していたのだ。

産創館の同行訪問には、依頼書の提出などの面倒な手続きは一切必要ない。電話一本のアポイントメントだけで同行するのだ。

「ここが成否を分ける重要なポイントです。『困った時に竹内は電話一本で同行してくれるぞ』と思っていただくことです。営業店が使いやすい産創館であるように仕組みを工夫しています」

産創館は、17年2月7日時点で、地銀や信金、大手行など41金融機関・団体と提携している。金融機関の持つ企業情報と産創館の持つビジネスマッチングのノウハウを融合させ、事業者の役に立つ実践的なサポートに繋げる実績を次々に残している。商機拡大に繋がる圧倒的なマッチングだ。

例えば、ある銀行が取引するA社と、別の銀行が取引するB社をマッチングさせた実績も産創館にはある。

銀行同士が激しく競合していても、その顧客同士は協業したいと思っているかもしれない。銀行の論理や都合を顧客に押しつけるのは顧客本位ではない。事業者は、どの銀行と取引していようと成長を望んでいる。だからこそ潤滑油となる「何でも応援団」が必要なのだ。

「いけたで!」

16年10月、第一章に登場した深廣への融資手続きを進めていた大正銀行の吉澤徹は、深井崇光社長と話すうち、何か営業の側面から支援ができないか考えていた。

（そうだ。産創館の竹内さんを紹介してみよう）

人の縁、繋がりは不思議なものだ。06年から吉澤が玉造支店で勤務していた時、産創館の竹内は大正銀行の支店を一つ一つまわり、産創館の取り組みを熱っぽく説明していた。その時にたまたま知り合い、お互い意気投合していたのだ。

（竹内さんは、自分たち銀行員では動けない部分で動いてくれるはずだ）

吉澤の記憶に強く残っていた。

深廣の融資手続きは道半ばではあったが、吉澤は竹内を同伴して、黒門市場の深廣本店を訪問した。「深廣」の深井崇光社長に紹介すれば、飲食店の紹介など、竹内はきっと自分以上に深廣のために動いてくれるのではないか、と思ったからだ。銀行員の仕事は融資だけではない。

（公的機関の人やのに、おもろい人やな）

崇光は、第一印象で竹内に好感を持った。

竹内は早速アポイントメントを取り、崇光を連れて、大阪市内の高級ホテルへ商談に向かった。竹内は驚いた。高級ホテルとの商談に臨む中小事業者は、着慣れないスーツに身を包み、策定した資料を震える手で差し出し、なんとか成約に繋げようと額に汗をにじませてガチガチになってプレゼンテーションをするのが普通だった。

しかし、崇光はプレゼン用の資料などは一切持たず、代わりに自慢の「エゾアワビ」を持参し、しかも長靴で商談に乗り込んだのだ。

内心、若い崇光を侮っていた竹内は舌を巻いた。

（このイケメン社長は、外見の良さと長靴・アワビというギャップを敢えて狙ってプレゼンしているのか。こいつはスゴイな）

帰りの車中、大阪城をぐるりとまわっている辺りで竹内が言った。

「おもろい商談やったなあ。またこっちでなんか探すわ」

後日、竹内は別のレストランの料理長と崇光の商談をセットした。地元大阪ではお馴染みのローカル番組「ちちんぷいぷい」の料理番組に出演する「にんにん」の名物料理長だ。商談は良い雰囲気で進んだ。

「ほな、明日からやろか」

と、料理長があっさりとオーケーを出した。

崇光は覚えている。帰り際に乗り込んだエレベーターのドアが閉まった瞬間、

「いけたで！」

と、自分と竹内が、声を弾ませて自然とハイタッチを交わしていたことを。

「これはおもろいで。もうちょいやろか？」

「悪意なき排除」の克服

崇光は語る。

「僕ら事業者は、日々の仕事に追われて、こんな役に立つ公的な機関があるなんて知らない。低金利で融資しますすじゃなくて、たとえ自分でできなくても、こういう人を銀行が探してきてくれると非常に助かるんです」

崇光は大正銀行の吉澤に対し、吉澤が紹介してくれた産創館の竹内が深廣の販路拡大のための「あと一歩」を踏み出してくれたことを説明し、改めて感謝の意を伝えた。

「それは社長の魅力ですよ」

と、吉澤はいつもと同じ謙虚な回答をするだけだった。吉澤個人では竹内ほどのネットワークを駆使し、限られた時間を使って深廣のために販路拡大を具体化することは難しい。自分でできないならば、そこで諦めるのではなく、できる人材を紹介したまでだ。

「僕らの5の力を6、7に引っ張ってくれる銀行と取引したいですね。竹内さんみたいな人を紹介してくれるのは大歓迎です。自分の成長だけで、6、7に辿り着くには10年、20年かかるかもしれない。それでは遅いんです」

と、崇光。

崇光が吉澤に感謝の意を伝えたことを最も喜んでいるのは、産創館の竹内だ。

「産創館は銀行のためだけに行動しているのではありません。あくまでも事業者のためです。しかし、手柄を産創館が横取りしたら、二度と銀行は我々を使ってくれません。あくまでも事業者が感謝するのは銀行であってほしいのです。そうすれば銀行も『また産創館を使ってみよう』と前向きに考えてくれるからです」

竹内が語る熱い思いは、事業者、銀行、そして行政機関の「共通価値の創造」そのものだ。金融排除には「悪意ある排除」がある一方、銀行員では対応しきれない顧客ニーズを残念ながら取りこぼしている「悪意なき排除」「残念な排除」もある。

物流では、顧客の自宅までの配送を「ラストワンマイル」と呼ぶ。自分でできなければ第三者を助っ人として巻き込めばいい。「あと一歩」で終わらせない連携は、どの地域でもできるはずだ。竹内は、大阪を越えた連携を模索し、金融排除を突き崩すため、ともに立ち上がる同志を探している。

挑戦する島根県信用保証協会

「不可能の反対語は、可能ではない。『挑戦』だ」

島根県信用保証協会の採用パンフレットには、黒人初の大リーガー、ジャッキー・ロビンソン選手が「不可能だ」と大リーグ入りに反対する周囲の声に対して語ったとされる名言が引用されている。

協会のパンフレットのメッセージを引用する。

私たち島根県信用保証協会の使命は、【企業の存続】を支援していくこと。本当の意味での企業支援を実現するため、私たちは20年前から様々な改革に取り組んでいます。

その際、「本当に保証協会がやることなの？」という声がなかったわけではありません。でもそんなとき、私たちはいつもこう答えてきました。

「なぜだめなのか？」「じゃあ誰がやるのか？」と。

誰かがやらないと変わらない、誰もやらないとずっとこのままです。

打ち破った先にあるのは確かな手ごたえ。それを何度でも味わいたくて、私たちはまた次の壁を打ち破っていくのです。（原文ママ）

ここで取り上げる舞台は島根県。とある街の島根県信用保証協会と食品メーカーの話だ。

入社4年目、1年前から支店に赴任し、債権回収を担当していた保証協会の津森太《つもりふとし》は、一人考え込んでいた。

毎月、支店を訪れ、十数万円を返済して帰っていく食品メーカー経営者Aさんのことだ。自分の父ほどの年齢で、妻とわずかな従業員で工場を切り盛りしている。地元スーパーには必ず置いてある馴染みの食品だ。保証協会への返済はただの一度も滞ったことがない。どんなに売り上げが伸びなくても、なんとか資金を捻出して返済にやってくる。

毎月、十数万円を支払い、いつものように領収書を受け取り、支店を小さな背中で出ていく。そんなAさんの姿を見るたび、

「どんなに大変だろうか。どこからもお金は借りられないはずなのに。絶対に苦しんでいるはずだ」

と、胸が締め付けられるような思いをしていた。なんとかならないものだろうか――。

ある日、津森は領収書を渡しながら、ふと声を掛けてみたくなった。

「社長さん、お体きつくないですか？」

Aさんとの会話はそこから始まった。

「助けていただいた方にご迷惑をかけるわけにはいきませんから……」

が、Aさんのいつもの口癖だった。

しかし、経営状況は過酷そのものだった。銀行が一切の取引を打ち切る金融排除に陥ったために、機械が老朽化して壊れても、Aさんは自力で修理するしかなかったのだ。Aさんはそのことをポツリと漏らした。

「自力って……」

その事実を知った津森は愕然とし、言葉を失った。頭では理解していたはずの金融排除の苛《か》烈《れつ》さを目の当たりにしたからだ。

その一歩を前に

保証協会の津森に限った話ではない。筆者の見るところ、銀行員はもちろん、金融に携わる者の多くが想像力を圧倒的に欠いている。金融排除された事業者の立場に身を置いたことがないからだ。一刻も早く、塗炭《とたん》の苦しみから解き放ってあげるためにできることはないのか。確かに、金融機関を騙《だま》す悪意ある事業者もいるだろう。しかし、なぜリスクを背負う事業者ばかりが悲惨な目にあい、リスクを負わない金融機関が地域の事業者を平気で蹴落《けお》とすのか。組織人である前に、地域人としての何かが欠落しているのではないか。

Aさんの経営する食品メーカーは津森と出会う4年前、事業拡大の失敗から資金繰りが悪化し、金融取引上は〝破綻〟した。「審査が厳しくなった」という理由を説明するだけで、すべての取引銀行は手のひらを返したように去っていった。返済が困難になった場合は、保証協会に代位弁済させる保証付き融資（マル保融資）だったからだ。

事業再生など初めからやる気すらない。風向きが変わったから、見切りをつけ、保証協会に債権を押しつけて去っていっただけのことだ。営業ノルマに従い、調子が良い時はマル保融資を持ちかけ、いったん都合が悪くなると、保証協会を「姥捨山《うばすてやま》」のように使って、事業者を置き去りにする「よくある金融排除の光景」だ。

津森が声を掛けたのは、Aさんが保証協会に返済を開始してから4年目だ。Aさんは先の見えない苦しみの中、約3000万円あった債務残高を半分近くにまで減らしていたのだ。

見方を変えれば、Aさんの苦しみを4年、保証協会も放置していたということでもある。

それでも、津森は、代位弁済の回収業務だけをしていれば良かった保証協会の職員でありながら、その一歩を前に踏み出した。経営の実態を知ろうとAさんに聞き取りを始めたのだ。

津森は正義の行動を取った保証協会の職員だった。筆者は、これを大いに評価したい。

「お前に覚悟はあるのか」

津森は支店の保証担当の支店長補佐（当時）だった上司の小野拳《おのけん》に訴えた。

「涙が出るほど頑張っていらっしゃいます。本当に一生懸命頑張っておられます。どうにかなりませんか」

津森の真剣な目を、じっと見つめていた小野は、厳しい現実に立ち向かおうとする津森の決意のほどを確かめるように聞いた。

「よし、分かった。事業の改善に取り組んでみよう。でもお前、商いとしてこの食品をつくることがどういうことか分かっているのか？　どこをどう改善するかは、机の上では分からないぞ。お前に覚悟はあるのか？」

津森にとって、頼もしさと優しさを持ち合わせた尊敬できる先輩である小野の指摘はもっともだった。生半可な同情だけでは事業者は救えない。

地域金融の関係機関として、現場に足を運び、徹底的に学び、悩み抜き、そこからわずかな糸口を見いだして、事態を変える突破力が求められるのだ。

小野に心強く背中を押された津森はすぐに動いた。朝4時から夕方5時までの13時間を工場で働き、配送にもAさんとまわった。ともに働いてみて分かった。

Aさんと妻は早朝から休みなく働き詰めで、体を限界ギリギリまで酷使していた。

「社長が倒れたら終わりだ。収益性を上げることを考えよう」

津森は、工場で製造するすべての製品の利益率の算出作業に着手した。食品製造業で利益率を上げる場合、「ロスを少なくする」か「(利益率の高い)主力商品に絞り込む」ことが必要だからだ。

作業を始めてすぐに、津森は「椅子からずり落ちそうになった」という。

「毎日、158アイテムもつくっているのか？　こんな小さな工場なのに……」

何かがおかしい。明らかにつくりすぎだ。津森は週4日、工場に通い続け、手作業で一つ一つのアイテムの利益率を算出し始めた。

生産量、販売量、マークダウン（値下げ）、廃棄のデータを全アイテムで取り続けた。値下げの場合、値引率は25％、50％、75％となり、そして廃棄となる。

生産管理システムなど、このような小さな工場にあるはずもない。取得データを増やせば、利益率をはじき出す精度が上がるはずだ。

「工場の母」からの差し入れ

利益率算出のため、毎日工場に通ってデータと格闘していたある日、津森が使っていた机に、このメーカーの製品が置いてあった。

「太くんへ　～工場の母より～」

ビニール袋にマジックで書き添えられていた。

保証協会の職員が工場に通い詰め、工場の再生のために懸命に努力している。その姿にAさんの妻が心打たれ、せめてもの感謝の印にと、津森のために特製品をつくってくれたのだ。

「自分は信頼され、頼られている。必ずやり遂げ、再生をしなければならない」

津森はそれをかじりながら胸を熱くした。

収集したデータの分量は、ついに腰の高さにまでなった。工場のサポートもあり、ようやくデータが次の通りにはじき出された。

・10アイテムだけで、売り上げの73％を占めていた。
・13アイテムだけで、ロスの86％を占めていた。

処方箋《しょほうせん》は明らかだった。売り上げに寄与する10アイテムの販売を強化し、まずは最もロスの多い4アイテムを削減した。売上高は減少するが、利益率は向上するはずだ。

何より、無軌道な製品づくりではない。効率的な製造によりパート一人分の削減効果も生み出すことができた。

しかし、そもそもAさんはどうして158アイテムもの製品を毎日つくり続けることになったのか。そのことについても津森は深く洞察した。

実はAさんは、保育園や老人ホームなどありとあらゆるところの注文通りに製品をカスタマイズして、つくり続けていたのだ。効率が悪くなるのは明らかだった。しかし、それはAさんの製品づくりに対する真摯な姿勢でもあり、地域からの信頼の証《あか》しでもあった。

奮闘するAさんや津森たちに、地元スーパーは取引先の一人として温かい言葉を掛けてきた。

「ウチの棚いじってもいいよ」

Aさんの製品を売りやすいよう、陳列棚の活用による販売協力で便宜を図ってくれたのだ。スーパーにとってもAさんの製品は、なくてはならないものだったからだ。なぜか。

Aさんは生産工程で保存料を一切使わない製品をつくり続けていた。スーパーで売るAさんの製品は、実は子育て中の主婦層から支持されていたのだ。

しかし、保存料を一切使わないとは、裏返せば消費期限の短さという「諸刃《もろは》の剣《つるぎ》」となる。これこそがAさんの事業者としての価値である半面、利益率が低い一因でもあった。

アイテム数を絞った結果、どうなったのか。改革に着手する前年に年間87万6000円だった経常利益は、なんと1年後には、過去最高の399万6000円をたたき出したのだ。

わずか1年の話だ。Aさんは金融排除を受けて以降、事業を縮小しており、利益額自体は小さい。しかし、繰り返すが、アイテム数を絞るという再建策だけで、たった1年で経常利益額を4倍にしたのだ。

たったそれだけの労力を惜しみ、見捨ててきた銀行は、Aさんの事業を少しでも見ようとしていたのだろうか。地域から雇用や事業が消えることの意味をどう考えているのか。金融排除の明らかな確信犯としか筆者には思えない。

金融排除を平然と行う銀行は消え去ったが、ここにも排除された企業を包摂する金融機関が現れた。地元の信金だ。Aさんに保証協会が返済を求める権利「求償権」を消滅させる保証付き融資を引き受け、Aさんの事業支援に乗り出したのだ。

この信金は保証付き融資に加えて、プロパー融資にも対応した。そして今、この信金と保証協会は、Aさんの事業の持続可能性について協議し、支援を続けている。

「どうにかなりませんか」

すべては津森が、上司の小野に訴え出たところから始まった。一人の一歩が、その行動が事業を、地域を、人々の人生を変えたのだ。地域金融には疑いの余地なく希望のチカラがある。問われているのは「やる」か「やらないか」だ。

筆者として付け加えることがある。読者に金融排除の問題を深く考えてもらうには、何よりもリアリティを追求しなければならない。本来はAさんの業種についても触れるのが作品性としても筋である。が、Aさんを守るために敢えて伏せた。

事業者の多くは金融機関からの報復を恐れている。このような恐怖支配の地域金融に、顧客との「共通価値の創造」が成しえるのだろうか。

営業ノルマをなくし、顧客の課題解決によって革新的な経営を進める、ある地銀は「謙虚なメガバンク」を理念に掲げている。この彼我《ひが》の差は、長期的に何をもたらすのだろうか。

保証協会も変わる

金融行政が、個別銀行の不良債権や自己資本だけを見るのではなく、地元企業、経済の活性化を通じて人口減少時代を生き抜く持続可能なビジネスモデルを求めるあり方に大転換したのと歩調を合わせ、信用保証制度もこの1年で大きく様変わりした。

保証協会が保証・回収業務だけでなく、これまで一部の保証協会の取り組みであった、金融機関と連携して事業者の経営改善に取り組むことを明確に打ち出したのだ。

信用保証制度の見直しは、銀行が保証付き融資に頼るあまり、目利き力が失われ、事業者の経営改善に取り組まなくなってしまったという制度の弊害、副作用を看過できなくなったことが背景にある。そもそも、事業者が返済困難に陥り、金融機関が代位弁済を求めてから、ようやく保証協会が乗り出すのはおかしな話だ。まだ調子の良い時だからこそ、経営が傾かないように金融機関と連携しながら先手を打ってサポートしていくべきだ。

人間は易きに流れやすい。貸し渋りを解消した結果、銀行が顧客の与信管理をしなくなってしまった。行動経済学、行動ファイナンスを考慮しない政策ほどあてにならないものはない。

政策とは本来、「頑張ろう」とする民間事業者の自助努力を後押しするもの、好循環を生み出すものでなければならないはずだ。「姥捨山」として保証協会を利用しようとする金融機関のために保証制度があるのではない。あくまでも事業者のためのはずだ。

中小企業庁は、07年度に金融機関への保証割合を一律80%とする責任共有制度を導入していたが、なお多くの銀行の体質は変わらなかった。保証付き融資のノルマで行員を追い立て、信用力が必ずしも十分ではない事業者に単なる低金利の肩代わり提案で貸し付け、その後は、ろくな経営改善支援もしないまま放置してきたからだ。

万が一、返済困難に陥った場合は、自らが連れてきた「病人」を見捨てるがごとく、保証協会に代位弁済を迫って、いちはやく姿をくらませれば済んだからだ。こんな楽な商売はない。結果的に税金で補塡《ほてん》しなければならない回収不能債権を間接的に生み出していったとも言える。貸し渋り解消にだけ目を奪われ、この無責任体質の構造問題を長らく看過してきた金融庁にも大いなる責任がある。

中小企業庁は「一律80%保証」の見直し案として、当初、企業のライフステージごとに保証割合を減らす案を検討していた。しかし、保証割合が、銀行の融資行動や融資後の途上与信管理、経営支援へのスタンスを変えるわけではないことにようやく気づいた。

銀行を堕落させないために必要なのは、保証割合ではない。銀行に責任を自覚させることだ。その点において、今回の信用保証制度の見直しで最も評価すべきは、金融機関のプロパー融資(自行融資)との「合わせ技」を原則とすることを表明した点だ。

ただし、単にプロパー融資をすれば、金融排除の「免罪符」となると思ったら大間違いだ。

これはまた思わぬ反作用を生む恐れもある。つまり、形式的なプロパー融資への逃避だ。

これまで金融庁では事業性評価融資や短期継続融資（短コロ）の重要性が唱えられてきた。しかし、これは手段に過ぎない。融資後の与信管理、経営支援を通じ事業者の成長に繋げるのが真の目的のはずだ。問われているのは、継続的な事業者とのコミュニケーションと寄り添う姿勢だ。

例えば長引く低金利で、収益減にあえいでいる銀行が、単純に保証付き融資をプロパー融資に切り替えているだけの事例も散見される、つまり保証料の流出を防ぎ、少しでもわずかな利ざやを稼ごうとするだけの行動だ。事業者の成長は、銀行の視野にはない。現実問題として、足元では既にプロパー融資は広がり始めている。ただ、これでは目先の利益を追う場当たり的なプロパー融資となっている恐れすらある。何も考えていない金融に過ぎない。

中小企業庁は、18年4月に改定する監督指針で、保証審査時においては、事業継続のために迅速な資金調達を必要とする中小企業者の目線に立って対応することを第一とし、定量的な基準だけではなく、中小企業者に対する地域金融機関の支援姿勢などの非財務情報も含めて総合的に判断するように求めている。

つまり、プロパー融資という形式だけで判断してしまうと、創業先、再生先などの相対的にリスクのある事業者に対して、金融機関が「ならば何もしない」「最初から目もくれない」という最悪の金融排除が生じる恐れもあるからだ。第一章の深廣、第三章のギャレスのクラフトビールは、いずれも銀行と保証協会のタッグなしでは、成し得なかったドラマだ。

単に保証付き融資をすれば良いのではない。単にプロパー融資をすれば良いのではない。これでは、いずれも「顧客を見捨てている」という点で実質的には金融排除だ。答えは明白だ。融資の実態を見るのだ。与信取引状況の推移、業況・事業性の把握に金融機関が努めているのか、将来も含めた途上与信管理などの融資方針、金融機関の支援姿勢にも着目して、保証協会は行動しなければならない。

金融機関、保証協会、事業者は共存共栄という好循環関係を目指さなくてはならない。途上与信管理ができる「決済口座」を持つのは金融機関だけだ。保証機能を持つのは保証協会だけだ。そして事業者という「共通価値」が消滅すれば、金融機関も保証協会も存在しえないのだ。

保証制度の見直しによって、経営改善のための助言、投資も保証協会の「本業」と定められた。島根県信用保証協会が食品メーカーに行ったような主体的な取り組みは今後、保証協会の当然の業務となる。

同時に、あり方が問われるのは銀行、信金信組などの金融機関だ。保証協会も変わり始めた。この期に及んで世の中の変化に背を向けている地銀、信金信組は、時代から完全に取り残されることになる。

米沢の気質（大学教授の挑戦）

山形・米沢に、金融とは無縁の工学部の教授でありながら、独自の発想と実践で、さながら松下村塾のように銀行、信金の分け隔てなく地域金融を担う人材を育てている男がいる。小野《おの》浩幸《ひろゆき》だ。

物腰柔らかく、人の話をじっくりと聞くが、変わった遍歴の持ち主だ。小野は、山形の県庁マン出身である。県の総合計画の策定など中核的な仕事に携わってきたが、本人いわく「無手勝流の好き勝手にやっている職員だった」と、自身を振り返る。

山形県庁の歴史長しといえども、二度も県庁を退職しているのは小野くらいだろう。回り道をする。舞台は米沢。小野が始めた地域金融改革を書く前に、米沢の気質を理解しなくては、話が先に進まないからだ。

米沢市は、山形県南部に位置する。戦国時代は伊達氏の本拠地として栄えてきた。豊臣政権で会津を拠点とする上杉景勝《うえすぎかげかつ》の所領《しよりよう》となったが、関ヶ原の戦い後、徳川家康によって会津など90万石が没収となり、米沢藩30万石となったところから受難の歴史が始まった。

景勝を支えた股肱《ここう》の賢臣《けんしん》、直江山城守兼続《なおえやましろのかみかねつぐ》は、石高《こくだか》を増やし、藩政の基盤を固めるために東奔西走した。しかし、その後の上杉家の家督相続の問題や腐敗で藩財政はかつてない危機的状況に陥った。

混乱の果てに白羽の矢が立ったのが、日向高鍋《ひゅうがたかなべ》藩から迎えられた9代目藩主・上杉鷹山《うえすぎようざん》だ。鷹山とは隠居後52歳の時に自らつけた号で、治憲《はるのり》が諱《いみな》だが、ここでは鷹山で通す。

寛延4年（1751年）7月に日向（宮崎県）高鍋の藩主であった秋月種美《あきづきたねみ》の次男として生まれた。母が8代目上杉重定《うえすぎしげさだ》のいとこであったことが、鷹山が上杉家の家督を継いだきっかけだ。

当時の米沢藩は財政破綻状態にあった。明治維新以前に版籍奉還《はんせきほうかん》を幕府に申し出たほどであった。米沢藩の収入15万石に対して、なんと13万石が家臣の給与に充てられていた。5000人もの家臣団を抱え、身動きが取れない状態だったのだ。

120万石から、関ヶ原の戦い後に30万石に押し込められ、家督争いの咎《とが》で、さらに15万石に減らされていた。忠臣蔵で知られる吉良上野介《きらこうずけのすけ》の息子綱憲《つなのり》を養子に迎えたことで、吉良家のツケ払いも負わされ、さらに財政は破綻寸前のところまで追い込まれていた。

鷹山が米沢に初めて入ったのは明和6年（1769年）閏《うるう》10月28日だ。旧暦であるから西暦では12月も半ばだ。財政破綻状態にあるため、栄光ある上杉家が、板谷宿で野宿までする有り様だった。悲愴感が極まった時、「鷹山の火種」という有名な場面が訪れた。

駕籠《かご》に揺られる鷹山が、ふと煙草盆の冷たくなった灰皿をかき回してみると、火種が残っていたことに気づき、駕籠を止めさせ、家来に己の心中を語った。

自分は消えた火を蘇《よみがえ》らせることはできないが、火種に新しい炭を寄せて、新しい火をおこすことはできる。「火種は誰あろうお前たちだ。お前たちが火種になるのだ」という名シーンだ。

その後、米沢に乗り込み「先例に背くのが我が改革」と、重臣の猛反対を押し切り、足軽まで大広間に入れての改革が始まった。

鷹山の改革

九州の小大名出身というハンディキャップが鷹山を強くした。

鷹山は、米作一辺倒から農作物の多様化を主導した。「漆《うるし》」「楮《こうぞ》」「桑」「藍」「紅花」の栽培を奨励した。

さらに原材料に付加価値を加えるのも鷹山流だ。かつて上杉謙信は青苧《あおそ》の交易や営業権で軍事遠征費、二度にわたる上洛費《じょうらくひ》を賄《まかな》った。

上杉家と青苧は切っても切れない関係だ。鷹山は青苧が小千谷縮《おぢやちぢみ》の原料になっていることを踏まえ、米沢でも縮みの技術開発を進めるため、小千谷縮の職人を家族ごと招き入れた。さらに青苧が、奈良では晒《さらし》や蚊帳《かや》になっていること、紅花は口紅になっていること、京都では友禅染めの染料になっていることをまねさせた。楮は長州藩にならって紙にする技術を確立し、水田には「ふん」が肥料になる真鯉、池や沼には田沼意次《たぬまおきつぐ》への賄賂《わいろ》にするための錦鯉を養殖し、塩分濃度の高い温泉を使った塩の産出事業も手掛けさせた。

やってみなければ、ものになるはずがない。越後の縮み布をまねてつくった麻織物は、桑の栽培、養蚕の発展とともに絹織物として独自の進化を遂げ、米沢織となった。紅花や紫紺《しこん》を染料に使い、柔らかな風合いの先染め高級織物となったのだ。

働き方改革にも取り組んだ。藩士の家族をも労働力として求めた。藩士には自分の割り当て分が終わった場合は、帰宅を認め、桑や楮を植えさせた。新田開発の税は減免した。

すべての改革は「民富」のためだ。

安永2年（1773年）6月、重臣7人による改革反対の激しい弾劾が行われた。鷹山がすべての藩士を集め、意見を求めたところ、末席の一人柏木伊賀《かしわぎいが》が答えた。

「かつての私は、率直に申し上げて、お城に勤めに出るのが嫌でございました。毎日何をしていいか分からず、またしていることの意味がよく分からなかったからでございます。しかし、今は、城へ来るのが楽しみでございます。それは、お屋形様が、何のためのご改革かを、はっきり示してくれたからでございます。お屋形様は、私に天の星をお示しになりました。私は、その星をめざして歩いております。どうか、いろいろおつらいことがおありのこととは思いますが、くじけずに、今のままの御政道を、お続けいただきたいと思います」

第三章で紹介した豊和銀行幹部の言葉「毎朝、出勤するのが楽しみで仕方がありません」に、どこか似ていないだろうか。仕事とはそういうものではないだろうか。

ハンディキャップがあるからこそ、前例にとらわれず、発想の転換ができるのだ。生き残るための改革をしたければ「よそ者、若者、バカ者」を連れてこいという知恵を、現代を生きる我々は知っている。

「山形バレー」もできるはず

山形大・小野教授の話に戻る。1985年に北海道大学を卒業した小野浩幸は、山形県庁に就職した。技術開発がどうして製品化に結びつかないのかを調べるため、97年に、小野は県庁職員としてシリコンバレーを初めて視察した。視察のレポートを書き、99年には二度目の視察に赴いた。ちょうどこの時期、山形大学が立ち上げたベンチャーラボに誘われ、県庁を退職して参画した。その後、米スタンフォード大学での客員研究員を経て、2001年に助教授（現在の准教授）となった。社会人として勉強し直すつもりだったという。

当時の心境について小野は語る。

「シリコンバレーにはいろんな人が集まって、しがらみなく、新しい発想が認められる空気がありました。人と人が無限に繋がっていく、そういう組織文化が日本で育めないだろうかと」

ただ、この時点では、小野はあくまでも工学部の人間として考え続けていた。

「テクノロジー、大学の知的財産について、ライセンスを通じて産業にどう生かすのかに興味があり、日本の大学もそういう取り組みが求められるという問題意識を強く持っていた。金融には特に興味は向かなかった」

その後も紆余曲折《うよきよくせつ》は続く。山形県庁に呼び戻され、02年から04年まで科学技術政策を担当した。その後、山形大学の公募があり、06年に同大学に完全に籍を移した。

小野はシリコンバレーの視察を通じて、衝撃を受けていた。何より驚愕《きようがく》したのは、シリコンバレーが70年代までオレンジ畑の過疎地に過ぎなかったということだ。

「オレンジ畑だったところが、ベンチャーの次々立ち上がるシリコンバレーになったのだから、山形バレー（谷）で、できないことはないはずだ」

と、小野は思った。荒唐無稽《こうとうむけい》に聞こえるかもしれないが、誰もが思いもしなかったというところから大転換は始まる。しかし、現実の厳しさは否定しようもなかった。

小野が注目するのは、山形県の製造品出荷額と付加価値額（粗利）の関係だ。過去30年間、08年のリーマン・ショック頃までは出荷額が右肩上がりに伸びてきた。ピークの07年、08年はいずれも3兆円を超えていた。一方、人件費や将来への投資などのもととなる付加価値額は伸び悩み、88年以降、付加価値率は下がる一方だった。企業が付加価値（利益）を得ることよりも規模拡大に走ったからだろう。これでは、人や将来への投資が先細りしてしまう。

リーマン・ショック後は、付加価値率は上がったが、これは国際競争が激化するのに加え、国内市場は縮小する一方で、付加価値額が7000億円前後で横ばいであるために分母が縮小した見かけ上の改善にすぎない。

今後、国内マーケットの先細りを展望すれば、一人一人の付加価値を伸ばさなければならない。大学だけでは到底できない。では誰がサポート役をやるのか。

毎日、企業に通い、一番事業者の近くにいる存在は、地域金融機関をおいて他にない。

リーマン・ショック以前から小野は、このような問題意識を持ち続けていた。まず何から手をつけるべきか――。担保や保証がないベンチャーの事業性を見抜き、その成長を支えていく目利き力のある地元の金融マンを育てなければならない。

しかし、小野は地域金融については「未知との遭遇」であった。業務連携の手始めとして、大学への技術相談の受付窓口を金融機関に設置してもらったが、「相談が事業者から寄せられたら行動します」という完全に指示待ちという位置付けのものだった。

こうした手探りの状況から03年、県内金融機関に声を掛け、大学との人材交流事業を持ちかけた。

「何をつくっているのかは知りません」

小野が呼びかけた人材交流事業に応じたのは、地元の米沢信用金庫だけだった。米沢信金もこのまま地域が衰退していくことに危機感を覚えていたのだ。

交流事業を始めて、小野はいきなりカルチャーショックを受けた。金融機関の目線があまりにも財務に偏っていたからだ。小野との間で実際に交わされた会話は次の通りだ。

「ここは何をやっている会社ですか」

「金属加工です」

「なるほど。具体的には何をつくっているのですか」

「金属加工です」

「いや、ですから金属加工で具体的に何をつくっているのですか？」

「何をつくっているのか、製品は知りません。毎日会社に行ってはいますが、社長には会ったことがないので」

「え……」

小野は絶句した。

工場も倉庫も見たことがない。製品も知らない。しかし、ひとたび財務に話が転じると、財務データをスラスラと諳《そら》んじる。毎日、財務担当幹部と会って話をしているため数字は頭にたたき込んでいるというのだ。

(これは相当にまずいのではないか——)

小野は背筋に寒さを覚えた。

小野の直感は、まったく正しい。しかし、銀行界では小野の感覚こそがおかしいと見なされてきた。これまでの20年間、事業者が何をつくっているのかなど、どうでもいい話とされてきた。要は、十分な担保と保証があり、返済能力があるのか。これしか問われていなかった。

長らく個別の資産査定で不良債権処理へと銀行を追い込んできた金融行政が、この瞬間の財務内容が良ければいい「健全な銀行」を大量生産したのだ。

小野は覚悟を決めた。

(事業者の事業を理解できる本物の金融マンを育てることから始めなければならない。時間はかかるが、人づくりを避けることはできない。もしかしたら、金融庁の規制で縛られて、経営そのものが硬直化している今の金融機関に自らを変革する力はないのかもしれない。組織の外から変える方がやりやすいのかもしれない)

もはや、自治体や大学との協定など、ありきたりの「形式的連携」で時間を浪費している余裕はなかった。

地域企業に寄り添う「認定コーディネーター」

地域金融を担う人材に必要な力は2つ。事業者の強みを「見える化」する「コンサルティング力」と、研究成果や企業の技術・サービスを成長に結びつける「コーディネート力」だ。

考え抜いた小野が辿り着いたのが、コーディネーター制度の確立だった。2日間の研修の中で工場の実地見学を通じ、事業者の事業を理解するためにどこを見て、どう考えていくべきなのか、経営改善の提案はどのように行うのかをみっちりと学び、コーディネーターとして認定するのだ。

単に認定コーディネーターを乱発するようないわゆる「ザル認定」では意味はない。

ユニークなのは、毎年、実践レポートの提出を求め、合格しなければ認定を失効させる点だ。「名ばかり認定者」を排除し、認定制度のクオリティを保つためだ。

小野が一人で始めたコーディネーター制度の認定者数は今では、なんと268人に上っている。事業者から寄せられる技術経営相談は約1500件にも及ぶ。

製造現場での事業者へのヒアリング能力、経営分析の能力、企業の成長と再生戦略を策定できる能力なども求められる。営業ノルマを背負わされ、単に担保と保証で低金利融資を競うような金融サービスでは、地域の事業者は強くならない。地域の産業は育たない。

「研修で最も訴えているのが、みなさんは、なぜ地域金融の道を選んだのかということです。

地域の顧客に喜んでいただきたいということを思い出してほしい。ありがとうと言われるような仕事をするべきではないでしょうか」

と、小野は思いを語る。

こうして山形大学は、中小企業庁によって、大学としては全国で唯一、10年度の中小企業応援支援センターに採択された。中小企業の新事業展開や事業承継などを一手に引き受けるなど、中小企業にとって日常的な相談先として置かれた拠点だ。

今や、米沢信金は各支店に2人以上の認定コーディネーターを配置しているという。認定を受けていない職員の方が「マイノリティ」という状況だ。

「確かに経営、ガバナンスも同時に変わらないと、金融機関全体としては変わらないかもしれません。ただ、携帯電話の普及と同じで、多くの職員がコーディネーターを実践し、『閾値《しきいち》』(ある反応を引き起こす境目となる値で心理学等の用語)を超えると、現実には一気に広がると思っています」

と、小野は信じている。

成らぬは人の為さぬなりけり

当初、米沢信金以外の金融機関が参加を見送った理由は、大別すると次の2つだったという。

「小野先生がおっしゃることは分かるが、収益に結びつかない」

「大学の研修に出せるような人材がいない」

しかし、翌04年に荘内銀行が職員を出すと、他の県内金融機関にも一気に広がった。

結局、前年の「やらないことの言い訳」には何の根拠もなかったのだ。「為すも為さぬ」も所詮は横並び主義ということだ。

どの時代にもどの組織にも共通することだが、まず「できないことの言い訳から議論を始める」という人がいる。残念ながら、そこからは何も生まれない。理路整然と、どんなに賢く振る舞っても、ゼロはゼロ。無は無だ。

上杉鷹山は、名言を残した。

「為せば成る。為さねば成らぬ何事も。成らぬは人の為さぬなりけり」

「為す」(do、する)ことをしなければ、「成す」(can、できる)ことなどできるはずがない。当たり前の話だ。リスクを取らず、行動なきところに、成果など生まれるはずもないのだ。

試行錯誤、失敗を恐れていてはいかなるクリエイティビティもイノベーションも起きない。

誰もが分かっていることだが、ほとんどの人ができない。あれやこれやと言い訳をし続け、逃げ続けて、自分をどこかで納得させ、年を重ねていくのだ。

興味深い話がある。小野が、地域金融機関との人材交流事業を始めた03年。東京・金融庁では、地域金融に詳しい多胡秀人らが有識者となった会議で、リレバンに取り組む必要性が打ち出されていた。このことを当時の小野は何も知らない。

のちの講演会で多胡から「小野先生、あなたがやってこられたことはリレバンそのものですよ」と、指摘されて、小野は初めて気づいたそうだ。誰から言われるでもない。一人が変えることのできる一歩は、「金融素人」の理系教授でさえも踏み出せるのだ。

為せば成る――。鷹山の残した挑戦の火種は、今でも米沢でくすぶり続けている。

終章

排除の終焉と協同の時代

人口減少時代において排除を克服しなければ、持続可能性など夢物語だ。

終章では、その担い手としての信金信組を考える。そもそも信金信組はどうして誕生したのか。銀行と何が違うのか。特別な使命があるからこそ、信金信組が存在するはずだ。

話は、「日本の信金信組の父」二宮尊徳まで遡る。そのルーツをさぐり、信金信組の誕生の足跡を追う。営利企業からは「割に合わない」と見なされるかもしれない地域経済。その持続可能性を考える時、最も親和性がある地域金融とは一体何だろうか。そこに地域金融の明日、そして希望がある。

今、なぜ信金信組か

2016年11月30日、国連教育科学文化機関（ユネスコ）はエチオピア・アディスアベバで開催した政府間委員会で、「協同組合」をユネスコ無形文化遺産に登録した。

日本では、同時に登録が決まった、各地の祭りで巡行される「山・鉾《ほこ》・屋台行事」が話題となり、安倍晋三首相もコメントを寄せるなど、明るいニュースとなった。しかし、協同組合の登録については、ニュースでは触れられることはなかった。

ドイツからの申請ではあったが、登録理由は「共通の利益の実現のために協同組合を組織するという思想と実践」であり、全世界の協同組合が対象だ。協同組合には、国内の農林漁業の各協同組合、生活協同組合などのほか、組織形態も同じ信用金庫、信用組合もこれに含まれる。

では、協同組合、あるいは協同組織とは何か。

一言で言えば、人々が互いに助け合う（相互扶助）精神で集った共同体だ。銀行などから見放される金融排除を克服するために存在する人間の英知だ。

では、協同組織金融と称される信金信組とはそもそも何なのか。信金信組と銀行は同じ預金取扱金融機関だ。多くのメディアでも銀行と同一視されて認識され、報じられている。

しかし、根拠となる業法がまるで異なる。つまり、預金取扱金融機関でも、本来の使命はまったく異なるのだ。

銀行の場合は銀行法だ。信金は信用金庫法、信用組合は中小企業等協同組合法（協同組合による金融事業に関する法律）だ。最大の特徴は、銀行が営利団体であるのに対し、信金信組は非営利団体ということだ。つまり、銀行は顧客とは別に、株主という重要な利害関係者を持ち、どちらの利益を優先するのか、常に利益相反の問題に晒されているのだ。

地銀の場合、排除を放置し、地域をないがしろにし、地元企業を踏み台にする短期的な株主利益を優先する経営をしたとしても(実際そうしている事例が散見されるが)、誰にも止める手だてはない。株主の数ではなく、株式の数が経営を決めるのだ。

一方、信金信組は異なる。信金の場合は「会員」、信組の場合は「組合員」と呼ばれるが、顧客自身が信金信組と出資関係を結ばなければ、原則として融資を受けることはできない。

つまり、顧客と「株主」が同一ということだ。経営を決めるのは会員、組合員の数だ。出資額ではない。一人1票の原則(ロッチデール原則、後述)であり、これが相互扶助の協同組織と呼ばれる所以《ゆえん》だ。端的に言えば、「割に合わない」地域経済でたとえ資金需要がなくても、会員や組合員の幸せのために存在する組織なのだ。

融資とはそれを実現するための機能の一つに過ぎない。そして極めて重要な点だが、非営利団体であるからこそ、法人税が一般の事業会社と比べて7〜8%減免されている。

裏返せば、会員・組合員の幸せが実現できなければ、いくら貸し出しをしていても、協同組織としては失敗だ。問われているのは、会員、組合員とその暮らし、地域社会でより多くの幸せをつくり出せるか、だ。すなわち「共感」を追い求めるのが、信金信組を含む協同組織の真

銀行と信金信組の違い

	銀行	信用金庫	信用組合
根拠法	銀行法	信用金庫法	中小企業等協同組合法 協同組合による金融事業に関する法律
組織形態	株式会社 営利団体	会員出資の協同組織 非営利団体	組合員出資の協同組織 非営利団体
預金	制限なし	制限なし	原則組合員
貸し出し	制限なし	原則会員	原則組合員

髄だ。

第二章で紹介した奈良義人が金融庁に転籍する以前、雑誌「信金」に寄稿した巻頭言がある。以下、引用する。

信用金庫の事業の真髄は、地域資本主義であり、地方銀行は、金融資本主義である。つまり、信用金庫は、金融事業という手段を使って、地域社会が持続的に成り立っていくために必要なヒトづくり、企業づくり、事業・モノづくり、資金づくりといった資本を創り出している。これに対して地方銀行は、リスク、コスト、リターンを管理する金融事業そのものを目的としている。

この根拠は、信用金庫は、会員＝所有者＝利用者＝地域住民という「等式の経営」、これに対して地方銀行、とりわけ上場地銀は、株主＝所有者≠利用者≠地域住民という「不等式の経営」という制度的違いにある。

信用金庫の会員は、所有者（＊筆者注―信金の出資者）であり、利用者でもあり、そしてその地域で事業を営み、生活をしている地域住民である。したがって、信用金庫は、会員の満足価値を高めることが第一義にあり、その会員を通じて地域社会とつながっていることから地域は必然であり、地域活性化は、会員に対する責任そのものであり、経営の目的そのものということになる。これに対して地方銀行の場合は、一株当たりの経済価値を目的とし、株主が必ずしもその地域の住民でもないことから、あくまでも戦略としての地域であり、地域活性化も経営の手段にしか過ぎない。こうした制度的違いがあるからこそ、信用金庫は、地方銀行以上に、会員の成長や地域社会の持続的な発展に多大な時間とコストをかける。

奈良が考える信金、そして信組の事業定義の中心に金融はない。中心はあくまでも「会員、組合員の幸せ」なのだ。

我々は「預金取扱金融機関」という固定観念にとらわれすぎている。つまり、「預金・貸し出しの用事が顧客になければ、信金信組にやるべき仕事はない」というのは根本的な誤解なのだ。

「預金・貸し出し」の用事がないのであれば、祭りの御輿《みこし》をかつげばいい。地域の清掃活動、子育て支援、地域の活性化などに乗り出せばいい。会員、組合員の幸せに繋がることであれば、何でもやらなければならない。そのための協同組合、協同組織なのだ。

持続可能性が問われる時代だ。であれば、地域の力をひとまとめにしていく協同の社会的意義が、ますます高まるのは必然だ。協同の場があるからこそ地域ならではの仕事が創られ、結果として金融という仕事が必要となる。信金信組は、「地銀のなりそこない」では決してないのだ。

「信金信組の父」二宮尊徳

「経済を伴わない道徳は寝言である。道徳を伴わない経済は罪悪である」

これは二宮尊徳の残した名言として伝わる。掛川の大日本報徳社では経済門、道徳門と命名された2つの門が正門として構えている。

ただ、神奈川県小田原市の二宮尊徳の関連資料などを展示している報徳博物館の飯森富夫《いいもりとみお》学芸員によれば、この言葉は尊徳自身ではなく、尊徳の研究家であり報徳思想の実践家・八木繁樹《やぎしげき》が『『報徳記』を読む―われら今日何を為すべきか』（総和社）で、尊徳の経済観を的確に述べた一文だという。以下、八木の言葉だ。

尊徳は、道徳と経済とは、一枚の紙の裏表のようなもので、そのどちらが欠けても、紙そのものがなくなってしまう。裏だけの紙もなければ、表だけの紙もあり得ない。道徳と経済とが完全に一円融合し、化合している世の中を作らなければ、人類の真の幸福は招来できないと教えているのであります。尊徳は、経済の裏付けのない道徳は寝言と同じであり、反対に、道徳の裏付けのない経済は罪悪に連なると教えているのであります。

江戸時代の末期を生きた二宮尊徳の話を始めるに当たって、我々は既成概念を捨てなければならない。戦前、戦後、現代に至るまでその名は広く知れ渡っているが、これほどまでに、その成した業績が知られず、極端に誤解をされ続けた偉人は極めて珍しい。

「そんとく」とは、弟子が尊敬する師をそう呼称したに過ぎず、正式には「たかのり」という。しかし、この男の極めてユニークな発想と逸群《いつぐん》の行動力に比べれば、読み方など、この際どうでもよい。読者に馴染みのある「そんとく」と読み流してもらえれば良い。

恐らく、二宮尊徳（むしろ金次郎）で多くの読者が想像するのは、薪《まき》を背負いながら書物を読む少年の像だ。実際の尊徳は、身長180センチ、体重90キロ超の巨漢であったことを知っているだろうか。しかし、体格、身体的特徴もここでは問題ではない。問題は、我々の多くは尊徳の実像をほとんど何も知らないということだ。

戦前の「修身」の教科書では大抵、次のように書かれている。

「幼少期に両親と死に別れた金次郎は、伯父の家に引き取られた。熱心に深夜まで読書をしていると、灯りをともす菜種油の無駄遣いを厳しく注意された。そこで金次郎は、自分で菜種を栽培し、読書をし続け、勤勉に働き立派な人になった」

尊徳は数多くの弟子を持ち、死後、明治天皇より従四位《じゅしい》を贈られた。薪を担いで読書に励み、勤勉に働いたところで、大業を成し、爵位《しゃくい》の栄誉に浴するとは限らない。

戦前、日本は尊徳の勤勉さという一面だけを切り取り、デフォルメすることで、滅私奉公の国民教育に利用したに過ぎないのだ。

一方、戦後から現代に至るまでは、多くの一般人は尊徳については銅像のイメージ程度しか持っていない。あるいは、戦前の修身で取り上げられたために、戦争の象徴としてタブー視しているのかもしれない。「古くさい」というのが率直な感覚だろう。

戦前であれ、戦後であれ、これらはすべて誤解、曲解である。さすがに然るべき研究は、し尽くされ、その見解は一致している。尊徳の実像は、課題解決型の金融業者（金貸し）であり、600を超える農村を、武家を、個人を、そして藩を立て直した「凄腕《すごうで》の経営コンサルタント」と表現するのがふさわしい。その偉業をたたえ、爵位が贈られたのだ。

そして、これが本書では最も重要な点だが、現在の協同組織金融、つまり「信金信組の父」と言っても過言ではない人物だということだ。

江戸時代後期、幕府、藩は慢性的な財政逼迫状態にあった。一方、農村はお伊勢参りが流行するなど、総じて比較的裕福であったとされている。しかし、飢饉《ききん》や災害にみまわれた一部の農村は、藩による機動的な財政支援が打たれることもなく、農民が離散してしまい、深刻な悪循環を生む人口減少問題に直面していた。現在の地方の問題と似ている。

こうした農村、生活困窮層を立て直していった尊徳の手法、体系化された概念は「報徳仕法《ほうとくしほう》」と呼ばれる。この報徳仕法の要点をおさえることで、現在の信金信組などの協同組織金融が果たすべき役割、使命もよりクリアになるはずだ。我々は尊徳という人間の生き様を追わねばならない。筆者の歴史好きも相俟《あいま》って、この先、しばらく脱線が続く。

報徳仕法

尊徳は天明7年（1787年）、相模国・栢山村《かやまむら》（現神奈川県小田原市栢山）に生まれた。二宮家は比較的裕福な家だったが、洪水や父の病によって田畑を売り払うことになり、母親一人に子ども3人で暮らした。生活に余裕はなく、寺子屋に通うことも許されず、まったくの独学で字を学び、学問をしながら山から薪を切り出し、田畑を耕して成長した。

しかし、尊徳16歳の時には、不幸にして母親までもが病死し、尊徳や子どもたちは親族に引き取られることになった。

戦前の教科書「修身」で紹介した菜種油の話は、尊徳が引き取られた伯父の家での出来事だったそうだ。エピソードが残っているということは、尊徳が弟子にも語ったのだろう。

ただ、尊徳がこの時期に学んだこととして伝えたかったのは、報徳仕法の柱の一つ「積小為大《せきしょういだい》」だ。「小さなことでもコツコツ積み立てれば、大きくなる」との意味だ。

尊徳は父方の伯父の家で暮らした。ここでも尊徳は使われていない土地で、捨てられた苗を植え、収穫した米からさらに栽培し、コツコツ貯《た》めた財産で実家を再興した。17歳頃から6、7年で二宮家が失った田んぼを買い戻し、一度は失った実家の再建を果たし、母の実家にも援助するまでの手腕を発揮した。これが後世、戦前戦中に勤勉、親孝行という点だけで理解されるようになったエピソードだ。

むしろ、尊徳という男の真骨頂はここからだ。尊徳は、さらに小田原藩家老の服部家への奉公を通じて、破綻寸前だった服部家の収支、財政を業務効率化で立て直し、借金を完済させ、小田原藩で一躍名をあげるまでになった。

尊徳は、せっかく田んぼを買い戻したのだ。富農《ふのう》として気楽に一生暮らすこともできた。武家奉公をする必要があったのだろうか。神奈川県知事を務め、二宮尊徳にも詳しい松沢成文《まつざわしげふみ》参院議員は著書『二宮尊徳の破天荒力』（ぎょうせい）で興味深い考察をしている。

尊徳が、せっかく手に入れた田畑を自分で耕作することなく、他家への奉公や武家奉公を選んだのは、現金収入を得るためである。伯父の家ではなく他家への奉公となれば、契約関係が生じる。ここまで働けば後は自分の時間ということになる。働き次第で余暇ができる。遊ぶための余暇ではない。自分の田畑を復旧するための余暇である。

これは、「副業である。つまり、現代の我々に問われている「働き方改革」を尊徳は実践していたということに他ならない。富農として、田畑を単に耕作し続ける生き方よりも武家奉公の方が、自らの経済効果が遥かに大きいことを分かっていたということだ。

給与を貯蓄すれば、さらに元の田畑以上に土地を買い増していくこともできる。利の本質が何であるかを見抜く経済感覚と合理的思考の持ち主だということだ。

農作物には年貢という税金がかかるが、武家奉公で得られる給金には税金はかからない。武家奉公であれば、奉公の業務を効率化すれば、空いた時間で米や薪の売買、米や金の貸し付けなどの経済活動が可能だ。専業農家だとそれは無理だ。疫病、害虫、害獣、天災などはいつ災禍をもたらすか知れない。常に不安がつきまとう農業には終わりがないからだ。農作業以外の商業活動や金融活動は現実的に制限される。

相手が武家でも、個人でも、農村でも、尊徳は生計を立て直してきた。その奥義である仕法、つまり経営再建策で共通しているのは、まず「分度《ぶんど》を立てる」という点だ。分度とはつまり、「収入に見合う生活に見直す」という倹約目標だ。単なる我慢ではない。

ここに業務効率化を組み合わせることで、借金返済だけにとどまらず、借金返済後は、恒常的な資産形成に繋がる改善を実践した。

尊徳研究では有名な逸話がある。

服部家の女中からも個人的な生計の再建を頼まれた尊徳は、まず女中に低利で融資をした。施しはしない。人間をダメにするからだ。その上で、業務効率化を指導した。担保と保証での金貸ししかしない今の銀行よりも、尊徳の方が数段上手《うわて》ということになる。

尊徳は、女中が飯炊きで使う薪を通常の5本ではなく、業務効率化によって3本で済ませるよう提案した。節約した2本を尊徳が買い上げるというのだ。この場合の業務効率化とは、鍋や釜の底に付着した炭をそぎ落として、熱伝導率を高めたり、薪の並べ方を三角形にして3本でも5本の時と遜色ない最大火力を引き出したり、木炭の再利用などの薪の有効活用だ。

女中は節約分の2本で得た金銭を貯め、借金返済とその後の資産形成が叶ったという。

報徳仕法とは、修身の教科書が尊徳の一面だけを切り取った「ただ貧困に耐え、我慢することと」ではない。好循環の経済活動をつくり出す、トータルコンサルティングだ。

そうして生活を再建し、蓄財が始まった者たちから尊徳は、資金を借り入れた。さらに生活困窮者や経営破綻状態にある農村を救済する仕法を展開していくための元手とするのだ。もちろん利息をつけて返済した。

「**分度**」を立て、「**至誠**（真心を尽くすこと）」と「**勤労**」によって、「**積小為大**」を成し遂げ、「**推譲**《すいじょう》（得た余剰分の財を家族や子孫のために貯めたり、社会や他人のために使うこと）」することが報徳仕法だ。そうすることで「**一円融合**《いちえんゆうごう》」つまり、すべての利害関係が一つに融合し、幸福な社会に到達することができる、という思想で成り立っている。

維新を超えて

まだ明治の夜明けまでは多少の時間があった。

尊徳の評判は、幕府の知るところとなり、天保13年（1842年）、56歳にして幕府《ばくふ》御普請《ごふしん》役格《やくかく》に召し抱えられた。門下の弟子も増えた。

そして最後の仕法の地となったのは日光神領だった。命を削って、仕法に取り組み続けたが安政3年（1856年）、明治維新を目にすることなく70歳にして病魔に倒れ、死去した。

その後、明治政府の誕生によって、幕藩体制下の報徳仕法は打ち切られた。大正5年（1916年）刊行の渋沢栄一の『論語と算盤《そろばん》』には、次のような記述がある。明治4年（1871年）頃、西郷隆盛が渋沢邸を訪れた。用件は相馬藩の報徳仕法の継続申請だったが、渋沢は報徳仕法の真髄に触れた上で、「相馬藩の興国安民法」より「国家の興国安民法」の重要性を説いて、西郷を論破したという。渋沢は、国家財政を掌握していた大久保利通《おおくぼとしみち》、大隈重信《おおくましげのぶ》、井上馨《いのうえかおる》に陳情するよりも「私を説きさえすればあるいは、廃止にならぬように運ぶだろうとでも思われたものか」と、西郷について述懐した。

19世紀前半、産業革命の反動で生じたとされるラッダイト運動に象徴されるように、資本主義の発展に伴い、西欧では貧富の差が拡大し、深刻な社会問題が影を落としていた。

幸い、日本の小規模零細事業者や農家は相対的な貧困には陥っていなかったが、資本主義を進めつつも予防的な社会政策が必要になるとの認識には、後述する岩倉使節団の帰国まで、日本の知識層は至っていなかったのかもしれない。

いずれにせよ、小藩の事情に配慮した興国安民法ではなく、国家の興国安民法、すなわち大企業優先の殖産による富国強兵路線が明治政府で採用されたということだ。

明治政府が近代国家日本をゼロから建設するのに必要な法、国家統治機構、軍、産業技術などの知見を得るため、明治4年から明治6年（1873年）にかけて、欧米に送り出したのが岩倉使節団だ。

西郷が征韓論をめぐる騒動で敗れ、下野《げや》したのは明治6年。「報徳仕法打ち切り」の一件を見ても、既に明治政府の舵取りをめぐる路線対立があったことがうかがわれる。尊徳の弟子たちによって、報徳仕法の普及、啓蒙活動は続いていたが、政権お墨付きではなく、勢いは衰えた。

この使節団に参加した米沢藩出身の平田東助《ひらたとうすけ》(のちの内務大臣、内大臣)は、松下村塾出身で、既にドイツ留学中の品川弥二郎《しながわやじろう》(のちの内務大臣)と合流し、ドイツの信用組合を視察した。

産業革命後、西欧では成長著しい大企業に対して、小規模事業者や農民は金融排除される傾向が強まっていた。この小規模事業者、農民を守るため、あるいは自衛のために様々な形態で信用組合を設立する動きが広がっていたのだ。

農業経済史に詳しい京都産業大学の並松信久《なみまつのぶひさ》教授によれば、品川と平田が視察したのは、経済学者シュルツェ・デーリチュが1867年以降につくっていた信用組合だったという。信用組合としては、フランマースフェルトなどの市長を務めたライファイゼンが1864年に設立した農民向け信組の方が先ではあったが、当初の数は少なく、1882年に皇帝ウィリアム1世に表彰されるまでは、ライファイゼンの組合は、世間ではあまり知られていなかった。

品川、平田はドイツでの信組の知見を持ち帰り、帰国後、信用組合法の成立に向けて動いた。しかし、明治24年(1891年)に取りまとめられた信用組合法案は、信組を目指すのか、農村組合を目指すのか、省庁の路線対立に巻き込まれ、廃案に追い込まれた。並松は論文で次のように述べている。

「農商務省を中心とするライファイゼン式組合の支持に対して、シュルツェ式組合の支持は信用組合法案の作成へと向かう。そして両組合をめぐる対立は、信用組合法案をめぐって、農商務省と、平田・杉山らをはじめとする内務省との対立へと発展する」

つまり、組合制度の導入を利用して農業の発展に繋げようとする農商務省と、地方自治の強化を図ろうとする内務省の綱引きであった。さらに、

「当時の政府部内では、伊藤博文《いとうひろぶみ》・井上馨・陸奥宗光《むつむねみつ》らの『開明派』と、山縣有朋《やまがたありとも》・品川・平田らの『保守派』とが、さまざまな問題をめぐって対立していた」

と、並松は指摘する。

内務省主導の信用組合法案は、事実上の廃案となった。ただ、そもそも品川、平田が目指した信組は、経済的弱者の貧困という重大な社会問題を解決するためのものであった。この点については、農商務省も共通の理念を持っていた。折しも、明治27～28年（1894～95年）の日清戦争後、食糧の輸入国に転じるなど、自給が難しくなったタイミングであった。

組合の法整備化は、省庁を問わず喫緊《きつきん》の課題であった。信組設立の気運が醸成する中、尊徳の弟子たちがつくった報徳社は、信組を具現化する受け皿として注目され、消えかけた報徳仕法は、信組という形で命を繋いでいくこととなった。岩倉使節団から幾星霜《いくせいそう》、30年弱の紆余曲折を経て、ライファイゼン式組合の中央集権的な監督機構を認めつつ、一方、出資と配当を行

うシュルツェ式組合も取り入れた折衷《せっちゅう》である「産業組合法」が明治33年（1900年）に成立した。

信組の誕生

生前の尊徳に話を戻す。文化11年（1814年）、28歳の頃には、尊徳は小田原藩で「五常講《ごじょうこう》」と呼ばれる組織をつくり、相互扶助金融制度を実践していたという。

相互に信頼関係がある人（五常、すなわち仁、義、礼、智、信を守れる人）だけが参加して、融資する仕組みだ。これを五常講貸金という。

尊徳が個人レベルの財政再建を請け負う過程で、低利融資をしていたところ、めでたく再建を成し遂げた人たちが、今度は尊徳の金融業への貸し出しで利息を得るようになり、その発展型が相互扶助の金融に繋がったのだという。最初は尊徳のお金であった。しかし、「講」は、仕法によって生活再建が成し遂げられた人たちの資産形成装置にもなったのだ。

これは、まさに現代の預金取扱金融機関の原型だ。しかも、限られたメンバー内だけの金融、すなわちコミュニティバンクだ。各地にできた五常講がのちに、「報徳社」となり、その後、信組の担い手、受け皿となったのだ。

西欧で信組が生まれた時代背景は前述の通りだ。18世紀後半の産業革命後、興隆する大企業に対して、金融排除された農村、中小零細事業者たちが「自分たちのための協同組合をつくろう」としてつくったのがその起源だ。

協同組合としては、1844年に英国・マンチェスターの北東の町ロッチデールで創設された消費者組合「ロッチデール先駆者協同組合」が第1号とされている。

ロッチデールの織物工などの労働者が資金を積み立て、自分たちのより良き生活のために生活必需品（当初は食料のみ）を市場価格で取引できる店舗を設けた。いわば日本の生活協同組合の原型だ。

ロッチデールの組合運営では、組合員は平等に一人1票持つというルールなどが「ロッチデール原則」と定められ、日本の信金信組を含め、今もどの協同組合にも受け継がれている。

ところが、尊徳の五常講は、ロッチデールよりも、30年近く、少なくとも20年前には設立されていたという。このことが日本の信金信組の成り立ちに大きく影響した。

明治24年（1891年）の信用組合法案の廃案後、品川、平田は、信組設立運動に邁進《まいしん》した。

しかし、当初は貧富の差の拡大など社会不安の解消に繋がるような組合ではなく、品川、平田は懸念を深めていた。そこで既に江戸時代から農村で実践されてきた報徳社の取り組みに着目した。

尊徳高弟の福住正兄《ふくずみまさえ》や岡田良一郎《おかだりょういちろう》と接触し、五常講、報徳社の実践について学び、ドイツの信組の日本への導入について議論を深めた。いわば、報徳社とドイツ生まれの信組を融合させていく共同作業に取り組んだのだ。

こうして明治33年（1900年）の産業組合法制定までに、見切り発車でいくつもの信組が誕生した。

明治12年（1879年）、遠江国報徳社の社長を務めていた尊徳の弟子・岡田が勧業資金積立組合「資産金貸付所」を設立し、まさに信用組合法案が審議未了となった翌年の明治25年（1892年）、日本初の信組、掛川信用組合（現掛川信用金庫）に改組した。なんと法制化前の明治31年（1898年）までに、組合数は127、組合員数は3万人弱に上った。つまり、産業組合法の制定の背景には、既成事実化したこうした信組を事後追認しなければならないという事情もあったのだ。

「歴史とは善悪ではなく、作用と反作用の妥結点、妥協点の積み重ねである」と見るならば、信組誕生もまた然りだろう。日本に資本主義を輸入し、発展させる過程で生じる金融排除という社会問題をどう克服するのか。

それまでの無尽や頼母子講では、資本主義という時代の変化に対応できなかった。そのために品川、平田は既にあった報徳社を使い、報徳社も信組への転換に、生存の意義を見いだしたからこそ、信組を受け皿とする産業組合法が成立できたのだ。

筆者の地元、東京・世田谷区に松沢教会・松沢幼稚園がある。クリスチャンの社会活動家・賀川豊彦《かがわとよひこ》に馴染み深いということは昔から知っていたが、よもや自分の手で賀川について書く日が来るとは予想もしていなかった。

賀川は明治21年（1888年）神戸に生まれたが、尊徳と同じく幼くして両親と死別し、徳島へ渡った。その後、宣教師から洗礼を受け、留学なども経て、布教活動とともに消費者組合活動を展開した。

その後、関東大震災の被災者支援で拠点を東京に移した。戦時下は反戦論を唱えて留置されたが、戦後、1945年に、日本協同組合同盟（日本生活協同組合連合会の前身）を設立、1951年に日本生活協同組合連合会（日本生協連）が生協法に基づいて設立され、いずれの初代会長も賀川が務めた。これにより賀川は「生協の父」と呼ばれる。

明治21年生まれとは、天明7年（1787年）生まれの尊徳から100年後に生を受けたことになる。信仰はともかく、生い立ちや境遇も似ているこの2人が協同組織に情熱を傾けたのは、単なる偶然ではないかもしれない。非営利団体である協同組合という組織形態は、社会的な課題を解決し、人々が人間社会を幸せに生きていくための英知なのだ。

農業協同組合（農協）をつくったとされる農業指導家・大原幽学《おおはらゆうがく》も尊徳とほぼ同じ時代を生きた。歴史の転換点では、常に時代の先を行く人間が登場している。見方を変えれば、時代の要請によって、時代の先を行く人間が出てくるからこそ、歴史はごろりと転換するのだろう。

信金信組のミッションとは何か

ピーター・ドラッカーは著書『非営利組織の経営』(ダイヤモンド社)で指摘している。

「社会的なニーズ、欲求、期待は高まるばかりである。しかも、それらのものに応えるべき政府の能力が限界に達して久しい。すでにアメリカでは、スラムでの教育、アルコール中毒患者や麻薬患者の更生、青少年の非行防止は、政府ではなく非営利組織によって成し遂げられている。非営利組織に成果をあげさせることについてアメリカが学んできたことは、日本にも有効なはずである」

これからの日本において、人口減少と少子高齢化に直面する地域経済の持続可能性は極めて重要な問題だ。地銀などの営利団体に対し、地域の全責任を負わせることには限界があるのかもしれない。上場会社である地銀は「地域を取るか、株主を取るか」という選択肢を突きつけられた時、本来、二者択一の議論ではないにもかかわらず「株主利益が優先です」と言い訳ができてしまう。

事業者は気づき始めている。多くの銀行は担保と保証をベースにした低金利融資、投信・保険販売のお願い営業しかできず、事業者の持続可能性という課題解決に応えるビジネスモデルになっていないのだ。

自ら変わろうとしないのであれば、捨てられるのは当然だ。より安く、より速く、より快適なAIで十分に代替可能なのだから。

一方、非営利団体であり、法人税が一般の会社よりも減免されている信金信組は、地域から逃げる経営は許されない。むしろ、地銀が見捨てている顧客、あるいは地銀がビジネスモデルとして諦めている「金融排除」を乗り越えなくては生き残れない。

そこにこそ本来、信金信組の果たさなければならない役割があるはずだ。非営利組織と地域の持続可能性の親和性は高いのだ。

しかし、現実はどうか。信金信組は、その報酬に見合い、期待に応える協同組織金融としての仕事を果たしているのだろうか。信金は地銀に憧れ、どこか信組をさげすんでいるようなところはないだろうか、信金に劣等感を抱いているような信組はないだろうか。

ドラッカーは非営利組織のあり方について次のように言及している。

「（＊筆者注―非営利組織の）ミッションの価値は文章の美しさにあるのではない。正しい行動をもたらすことにある」

信金信組の掲げている理念は、多くが地域の小規模零細事業者に寄り添う地域金融を標榜しているが、行動を伴っているかは大いに疑問だ。

担保・保証に依存どころか、担保と保証しか見ていない低金利融資による肩代わり競争しかできなくなっている多くの地銀とは違うと、胸を張って言えるだろうか。

ドラッカーは続けている。

「非営利団体は内部志向になりがちである。あまりに大義にコミットし、正しいことを行っていると信じるがゆえに、組織自体を目的と錯覚する。それでは単なる官僚主義である。『ミッションに貢献するか』を考えずに、『内規に合っているか』を考える。結果、成果は損なわれビジョンも献身も見失われる」

「非営利組織は、あらゆる政策、決定、行動において、『ミッションの実現にプラスになるか』を考えなくてはならない」

信金信組のミッションとは何だろうか。それは地域の持続可能性に他ならない。言い換えれば、金融排除を克服することだ。

GHQが感服した「時代を超越する真理」

読者は、二宮尊徳からの流れを汲《く》む信金信組に対して、何か過大な期待をしているのではないかと思うかもしれない。

地銀の格下が信金信組だと考えている読者もいるだろう。しかし、それは違う。

海外で信金信組というと、クレジット・ユニオン（Credit Union）を指す。米国で暮らしたことのある読者ならば、むしろ生活感覚で分かるはずだ。普通の銀行よりもクレジット・ユニオンの方が、一般市民に馴染み深い最もベーシックな金融機関のはずだ。

戦後、GHQに民間情報教育局新聞課長インボーデン少佐という人物がいた。インボーデン少佐は1946年6月、玉音放送と連合軍の進駐から1年も経ずして、マッカーサー司令官の許可を得た上で、静岡県掛川の大日本報徳社を訪れている。報徳の思想を学び、普及、啓発するために設立された団体だ。尊徳の思想や報徳仕法について学び、意見交換するためだ。インボーデン少佐は視察後にこう語ったという。

「二宮尊徳はアメリカのリンカーンにも比すべき人物である」

1949年、インボーデン少佐は二宮尊徳に関する論文を残している。

やや長いが引用する。

（＊筆者注―二宮尊徳は）近世日本の生んだ最大の民主主義的な―私の観るところでは、世界の民主主義の英雄、偉人と比べ、いささかのひけもとらない―大人物である。祖先のうちにこのような偉大な先覚者をもっているということは、あなたがた日本人の誇りであると共に、日本の民主主義再建が可能であることを明確に証明するものであろう。私は、日本に来て、その歴史にこの人あるを知り、地方によってはその遺業がさかんにうけつがれているのを目のあたりに見て、驚きと喜びの情を禁じえない。（中略）彼の主義と、その主義から生まれた経済の方法―というより、一種の道徳に基づく社会政策―は、死後一世紀近い今日なお一部地方農村の指標となり、他の町村では見られない立派な効果をおさめている。（中略）当時は民主主義という言葉はなかったが、真理を尊ぶ彼の思想の底には、今日いわれる民主主義の本質的な精神が脈々と波打っていたことがうかがわれる。（中略）尊徳のこの考え方と、米国人が民主主義の基礎と思っている『独立宣言書』の核心との間に、いささかの開きも認められない。

そして最後に「真理は時代を超越して永遠に生きるもの」として、次のように述べている。

尊徳の教えは、前々もいった如く、あなたがた日本の青年男女諸君の耳に、たこができるほど聞きあきた、古くさい、陳腐なお説教と響くかもしれない。若い人たちは、いつでも何か新しいもの新しいものと目を走らせ、耳をそばだてたがるものである。だが、もしあなたがたが熱心に真理を求める人であるなら、いやしくも真理に関しては、婦人服の流行のように、新しいとか、流行外れだとかいうことはない。真理というものは、時代を超越して、つねに、しかも永遠に、生々とした力をもっていることを知るだろう。

資源と生産と物量の投入による戦争では負けたが、優れた経済感覚と道徳を両立させて社会的課題を解決し、持続可能なコミュニティを形成する意志と実行力を持った日本人がかつていたこと、その流れを汲むのが信金信組であることを忘れてはいけない。

地域プラットフォーム戦略

京都信用金庫は2017年4月、全国的にもユニークな起業支援制度「京信アントレ・サポート」を始めた。

単なる起業の後押しではない。地元で起業する信金職員が希望した場合、退職後1年以内に創業に関する事業計画書を提出することなどを条件とし、5年以内であれば職員として復帰を認めるというのだ。第1号には、台湾との貿易会社を起業する男性職員が名乗りを上げた。

「君のためにこの制度をつくったんだよ。事業がうまくいったら、京信と取引をしてくれよ」

「もちろんです。ありがとうございます」

増田理事長が声を掛けると、この職員は深々と何度も頭を下げたという。

筆者はこの取り組みに強い関心を持った。どうして京信は、このような事業を始めようと思ったのだろうか。取材に対し、増田理事長はこう語った。

「お客様に寄り添い、深く事業を理解させていただこうと全力で頑張った職員が、自分もこの地域のために事業を成したい。自分にもできるのではないかと志すのは、自然なことです。そうした職員の価値観を大切にしたいと思いました。外の世界でチャレンジした職員は、事業の難しさ、事業者の苦悩など、多くを学んだはずです。見方を変えれば、自費留学、自費研修をしてきたということです。したがって、そういう職員が、事業が思い通りにならないで信金に戻るのなら、それはそれで、意味があります。我々は多様性を受容する地域のプラットフォームでありたいと思います」

京信の取り組みは、持続可能性が問われる地域経済において、地域金融機関がどのような存在として貢献していくのかを考える上で、極めて重要な示唆に富んでいる。

事業者がいないと嘆くのならば、自ら創造すればいい。挑戦し、失敗した者を冷笑して排除するのではなく、再び受け入れ、失敗を糧にまた地元のために貢献する地域金融のチカラとすればいい。増田が語る地域プラットフォーム戦略とは、地域のことを考える者たちが集い、地域金融機関として地元事業者を支え、時には起業・創業で飛び出していく人材、さらに地域のために戻ってくる者が循環する、真の多様性の場づくりに他ならない。

例えば、銀行や信金信組で「私は40歳で独立するつもりだから」と、公言する職員がいたとする。こうした職員は、十中八九が排除される。重要な職務は任されず、「変わり者」として閑職に送られる運命にある。なぜならば、金融機関には支店長になるためのキャリアコースしか用意されていないからだ。同じ釜の飯を食わない異分子は排除されるのだ。

しかし、銀行、信金信組の若手と話すと、こうした金融機関の人事制度が既に時代遅れであることに気づく。なぜならば若手は、年金だけでは生活できない60歳以降の人生に対する大きな不安を抱いているからだ。

支店長になることよりも、むしろ、中小企業診断士などの資格を取って事務所を構えたり、何かしらの事業を営むことの方に価値があると考えている若者は、実は少なくない。

奈良義人は、自らが手掛けた全信協の中期経営計画「しんきんルネッサンス2006」の中で、次の通り述べている。増田の目指す地域プラットフォームと同じことを指摘している。

信用金庫は、会員制度を核に地域意識の高い会員・お客さまの地域に対する思いを共有し、交流する「協創」（会員・お客さま、地域社会、信用金庫がお互いに資源を出し合うことで、新たな地域ならではの価値を創り出すこと）の場となり、地域ならではの事業づくり、産業づくり、まちづくりに向けた支援をしていくことが望まれる。これによって、信用金庫と会員・お客さまを核とした蜘蛛の巣型の地域経済・社会ネットワークが形成され、その中でヒト、モノ、カネ、情報、そして信頼が域内循環していくようになる。そしてそれぞれの信用金庫毎に形成された地域経済・社会のつながりがさらにお互いにつながり合うことで、地域社会を豊かにし、経済の広域化にも対応できるようになる。

こうした取組みによって、信用金庫の会員・お客さまになることが、事業力、生活力、風土力等経済的・文化的・社会的価値の向上につながっていくと地域社会から認知されるようになり、競合相手の追随を許さない、信用金庫の競争優位の源泉となってくる。

割に合う身の丈

営利団体である地銀も第二地銀も、地域金融機関としての矜持と工夫と挑戦する精神を持ち合わせているならば、その地域性に応じたプラットフォーム戦略があるはずだ。

確かに人口減少が著しい地方は、利潤を追求する営利企業にとっては「割に合わない」のかもしれない。だからこそ、そうした地域で「プラットフォーム」を目指すのであれば、自らが「割に合う身の丈になる」しかない。問われるのはコスト意識だ。その意味において、店舗戦略と人事戦略の見直しは不可欠だろう。

地方といえども、インターネット、スマートフォンは生活必需のインフラになってくる。「用があれば店舗に来い」という従来の「指示待ち型」のビジネスモデルが終わるのだ。

地域金融機関はインターネットバンキング、勘定系システムのクラウド化を進めると同時に店舗の削減、合理化が急速に進むだろう。これまで銀行に高額なシステム開発費を要求してきた日本のシステムベンダーは、この流れに対応できないかもしれない。必ずしも顧客本位ではない商売に慣れきってしまったからだ。

フルラインナップの大型の支店は、費用対効果で本当に必要なのかを見直さなければならなくなる。同時に、新たなサービス提供にもスピード感を持って対応し、浮いた人材や時間、資金を別の営業戦略に振り向ける経営資源の再配分が必要だ。

店舗を捨てることに抵抗を示す銀行経営陣は少なくない。しかし、深く取材をしてみると、「資産規模でライバル地銀に負けない店舗網」とか、「旧合併銀行の本店だった店舗」「会長の出身地の店舗」などの顧客には何の関係もない内部事情であることが多い。

人事の見直しも必要だ。

若手の全員が支店長を目指すような人事制度は終わるだろう。既に副業を認める動きが大手企業でも始まっている。働き方、生き方の多様性だ。入行、入社時から、独立を志し、そのための副業も認めるキャリアコースがあっても何らおかしくない。

「取引事業者の人材採用から育成までを肩代わりする」という柔軟な発想をどうして金融機関が持てないのか。地域に有益で歓迎されるプラットフォームとは何か。融資だけで地域の課題が解決されるはずはない。間接金融は、地域の持続可能性を実現するための手段、方法の一つに過ぎなくなる。

排除を包摂に変えるグラミン

本書では、地域の持続可能性とは、金融排除の克服いかんにかかっているのではないか、と問題提起してきた。金融機関が「貸す」「貸さない」という次元の話ではない。「見て見ぬふりをする」のかどうかの問題だ。

第二章で述べたように、金融庁の「日本版金融排除」とは、事業者が対象だ。

しかし、零細企業の場合、事業者が私財をつぎ込んだり、生計を立てるために家族経営だったりするなど、事業者と社長が一体化しているケースも少なくない。事業者と個人の線引きが曖昧なケースもある。

また何よりも、人口減少の地域においてシングルマザーを排除するということは、少なくとも2人以上の人口を地域から失うことを意味する。地域において、反社会的勢力以外を、排除している余裕はもはやないのだ。

これまでのビジネスモデルを変え、課題解決型銀行という新たなビジネスモデルに踏み出さなければ、銀行の中長期的な収益のみならず、地域が、そして時代が「もたない」ところまで来ている。これは、単なる弱者救済といった人道主義、道義的精神、きれい事ではない。

本書では、こうした見地から、事業者だけでなく、個人も含めて金融排除の問題を考えてきた。こうした排除の流れを変えようと、日本への進出を検討している金融機関も出てきた。それがグラミン銀行だ。グラミン銀行は、バングラデシュで設立され、金融機関から排除された貧困層、生活困窮層に無担保・無保証で少額融資（マイクロファイナンス）を手掛けてきた。米国でも事業に成功し、創設者のムハマド・ユヌス博士は06年にノーベル平和賞を受賞している。

ユヌス総裁と明治学院大学の菅正広《かんまさひろ》教授は17年2月、生活保護受給者やシングルマザーなどに融資する「グラミン日本」を設立することで合意した。菅はすぐに動き出し、同年8月「グラミン日本準備機構」を立ち上げた。18年夏を目途に「グラミン日本」の事業開始を目指している。

菅は森信親金融庁長官と旧大蔵省の同期だ。森は金融行政において初めて「金融排除」という問題を提起し、もう一人の菅は貧困層、生活困窮層の排除を包摂に変える活動に心血を注いでいる。官僚人生も数奇なものだ。

菅は日本の排除の現状について筆者の取材に対して、次のように述べた。

「日本は国民の6人に1人、約2000万人が貧困ライン以下で生活している。ひとり親世帯の過半数は過去30年以上、一貫して貧困の状態です。こんな国はＯＥＣＤ（経済協力開発機構）先進国35カ国の中でも日本だけです」

グラミンが手掛けるマイクロファイナンスの仕組みはユニークだ。働く意欲と能力のある5人一組の互助グループに対し、無担保、無保証で一人最高20万円から融資する。最初の2人に融資し、その返済状況を見て残りの3人が融資を受けられる。そして返済状況を見ながら融資額を増やしていく。支え合うことで生活再建と自立を促すのだ。返済できない場合は、グループの他のメンバーが連帯保証する必要はないが、その後の借り入れ額の増加が制限されるなど、貸出条件が見直されるといった連帯責任の仕組みがビルトインされている。

貸出金利は日本の実情を見極めながら決めるが、10%を超えるような消費者金融よりも、相対的に低い水準を検討している。利益の最大化ではなく、社会問題の解決を目的に掲げ、投資家には投資額しか還元されない。投資額以上の利益は、ソーシャルビジネスの拡大や改善のために使われる。また、スタッフには、標準以上の給料が支払われる。

「先進国の中でも日本の貧困格差は大きな問題になっており、広範な金融排除があります。個人の問題ではなく社会の問題として取り組む時期に来ています。グラミンは寄り添う金融です。グラミンによるマイクロファイナンスと就労支援、経営支援を組み合わせて排除（exclusion）を包摂（inclusion）に変えたい」

と菅は、排除の克服に使命感を持って行動している。

グラミンが日本に上陸し、金融排除の包摂に乗り出そうとしている。2000万人もの広大な金融排除を放置した責任の一端は、非営利団体である信金信組にもあるはずだ。

これを対岸から見て何も感じない信金信組は、もはやその役割を終えている。時代から必要とされているとは思えない。法人税の軽減という特権を枕に惰眠を貪《むさぼ》る有り様を、協同組織金融の始祖・二宮尊徳はどう見るだろう。

覚醒する信組(いわき信用組合、塩沢信用組合)

いち早く覚醒し、独自のビジネスモデルを実践する信組が徐々に増えている。

筆頭格は、元みずほ銀行常務でありながら、地元のお祭りに積極的に参加したり、徹底的な顧客密着営業を自ら率先し、43億円もの繰越損失をわずか4年で一掃するV字回復を成し遂げた新田《にった》信行《のぶゆき》理事長率いる第一勧業信用組合だ。

担保と保証に依存して、普通は金融機関から「金融排除」される「芸者さん」にも、人物を見極めた上でローンを出していくビジネスモデルが話題を呼んだ。

「しばしば『担保もないのによく貸しますね』と尋ねられますが、私からすれば『経営者にも会わず、工場も倉庫も見ないでよくお金が貸せますね』と申し上げたい」

と、未来の地域金融のあるべき姿を直言する新田の信念と第一勧業信組の驚異の経営については、新田の著書『よみがえる金融』（ダイヤモンド社）を参照されたい。

本書では、第一勧業信組の心強い仲間たちの一部を紹介する。


筆者は17年8月、その一つであるいわき信用組合（福島県いわき市）を訪れた。

2011年3月11日、東日本大震災の津波が、いわき信組本店から200メートルほどのところまで迫った。津波にさらわれ、職員の尊い命が失われた支店もあった。それでも、いわき信組は2日目から営業を再開した。しかし、事態はさらに深刻さを増した。

3月12日から15日まで、東京電力福島第一原発で水素爆発が相次いで発生したのだ。幹線道路は逃げ出す自動車で埋め尽くされた。マスコミ、医師、金融機関が我先に、と逃げ出した。本来、逃げ出してはいけない社会的に責任ある者から脱兎《だっと》の如《ごと》く逃げ出した。

理事長の江尻次郎《えじりじろう》は語る。

「我々は逃げるなんてできませんでした。お客様が避難するにもお金が必要です。事業者は、お給料を支払わなければなりません。我々がお金をお届けしなくてはならないのです」

江尻のトップ判断で避難させた若手職員を除く、すべての信組幹部が残った。江尻は胸を熱くした。営業を再開したものの肝心の警備会社も逃げ出し、取引先のトラック業者と職員で現金を決死の覚悟で支店に運んだ。

本店では、電話がひっきりなしに鳴り始めた。幹部総動員で電話応対に当たった。

「どうなってるんだ！」

受話器の向こうから事業者に罵声を浴びせられた。

しかし、よく事情を聞いてみると、いわき信組に対する怒号ばかりではなかった。いくら電話しても応答せず、いち早く逃げ出し、もぬけの殻となった他の取引金融機関に対してのやり場のない怒りを、たまたま電話が繋がったいわき信組にぶつけてきたのだ。

津波ですべてを失った人に、身元確認だけで保証人不要の30万円以内の融資も始めた。回収不能も覚悟で、総額３５０万円を貸し出した。しかし、不思議なことに2年で全額の回収ができたのだった。

この震災から、いわき信組が学んだ教訓がある。それが「社会関係資本」の蓄積だ。

地域の結びつき、絆を「社会関係資本」と捉え、その社会関係資本が蓄積され、濃厚であればあるほど、相互のやりとりが活発になる「互酬性《ごしゆうせい》の規範」が生まれる。

そのコミュニティでは他人への不信と警戒が和らぎ、治安、経済、教育、幸福感で好影響が循環し、結果、社会の効率性が高まるはずという確信だ。

担保・保証によらない融資とは、金融庁から命じられて、清水の舞台から飛び降りるつもりで行うものではない。社会関係資本が豊かであるからこそ、財務情報だけでなく、定性情報を重視した取引が可能なのだ。目指すべきは担保・保証によらない融資そのものではなく、社会関係資本を豊かにすることなのだ。

いわき信組が、シングルマザーを形式要件だけで排除せず、個人向けの複数の借り入れを一本化する「おとりまとめローン」にも力を入れているのは、「社会関係資本主義」を貫いているからだ。

震災に原発事故——。取り返しのつかないダメージを負ったのは事実だ。しかし、地域で生きていく限り、明日に向けて一歩を踏み出さなければならない。

いわき信組は、前を向いて歩き始めている。17年9月、地元サッカーチーム「いわきFC」とビジネス・パートナー契約を締結した。いわきFCは、福島県社会人リーグ1部所属ながら、サッカーの天皇杯全日本選手権で17年6月、J1の札幌を撃破し、明るい話題となった。いわき信組も地元金融機関の立場から、スポーツで東北一のまちづくりを目指す。

コシヒカリで有名な新潟・南魚沼《みなみうおぬま》などを地盤とする塩沢信用組合の本店は、雪国の商店街ならではの雁木《がんぎ》が立ち並ぶ通りに面している。江戸時代の雪国の暮らしを描いた『北越雪譜《ほくえつせっぷ》』の著者鈴木《すずき》牧之《ぼくし》の名を冠する牧之通りだ。

外壁はなまこ壁、江戸時代の両替商を思わせる趣ある蔵造りだ。店内を覗《のぞ》くと和傘と畳が貼られた腰掛けが据え置かれ、さながら茶屋の風情がある。案の上、観光客が時折、誘い込まれるようにふらふらと迷い込み、店内を見学していくのだという。その際には、お茶が振る舞われるほどだ。

今や、金融庁からも地域金融の先進的な取り組みで注目される第一勧業信組とも連携し、新潟県南魚沼地方に塩沢信組ありと知られる存在になった。が、かつては経営の混乱で、2001年には不良債権比率35％で、解散寸前まで追い込まれた惨憺《さんたん》たる有り様だった。

「このままでは組合は崩壊する」

危機感を抱いた支店長たちは、当時、組合の幹部の一人であった小野澤一成《おのざわかずなり》にトップに立って再建を図るよう決断を迫った。組合の危機的事態だ。08年、予期せぬ形で理事長に就いた小野澤は、これまでの常識にとらわれない地域金融機関の本質に立ち戻る決意を固めた。

毎週水曜日午後7時半までの営業延長。営業担当者が事前の完全アポ取りで事業者を徹底的に訪問し、即日融資会議を行うフィールドセールスなど、貸し出しという原点に回帰した施策を次々に打ってきた。

11年には、泥沼のダンピング競争の様相を呈している住宅ローンの新規営業の停止に踏み切った。なんと既存顧客のうち他行に乗り換えようとする取引先には職員を同行させ、融資条件が悪ければ、取引先に代わって条件が良くなるように交渉させた。気持ち良く送り出したのだ。

すべては組合員のために――。愚直なまでに、ウソのない仕事をやり抜く姿勢を示し続けた。

一方、17年4月には若者の定住策として、魚沼地域に家を建てる20代を限定に、最長51年という全期間固定型住宅ローンの取り扱いを始めた。さらに、地域有志から募った寄附金で「魚沼の未来基金」を設立し、ひとり親家庭の高校生22人に給付型奨学金を贈呈する事業も始めた。

少子高齢化と人口減少という地域の課題をともに悩み、解決の糸口をさぐる存在でなければ、地域金融機関ではない。50人あまりの職員には、その信念がある。

今、塩沢信組は、地元の親密な取引事業者100社（ベストパートナー企業100）の人材育成を肩代わりする事業を本格的に検討している。

金融機関からの天下りではなく、初めから事業者の後継者や幹部候補者を担う人材を採用し、必要な研修を積ませ、人材として輩出していく取り組みだ。京都信金とはアプローチは違えども、発想は同じ地域プラットフォーム戦略だ。地域と一体化するのだ。

17年8月、地元取引企業への就職を応援する合同企業説明会を開いたのがきっかけだ。

「多くの事業者の方々から、将来の経営を担い、支える人材の育成をしてほしいと頼まれました。地元優良企業の人手不足解消、地域の雇用増加のために組合としてできることには積極的に取り組まなければなりません」

と、小野澤はその想いを熱く語った。

17年9月4日、筆者は塩沢信組の幹部、職員らと南魚沼市内の飲食店で夕食をともにした。するとと小野澤ら役職員は、おもむろに持参した箸《はし》を取り出した。

「私たちはいつも持参した『マイ箸』でお食事を美味《おい》しくいただいております。そして完食します。これが地元のお客様に対する私たちの姿勢です」

かつて、経営の迷走から単なる回収だけの金融機関と成り果て、地域の信頼を失った時期もあった。その痛烈な反省から立ち上がったからこそ、何よりも魚沼のことを考える信組に生まれ変わった。顧客は常に見ている。

ホームレスサッカー

ホームレスが選手として参加する「ホームレス・ワールドカップ」というサッカー大会がある。03年から毎年開催されている国際大会だ。各国の有名企業がスポンサーに名を連ねる。持続可能な成長に必要な観点とされるESG（環境〈Environment〉、社会〈Social〉、ガバナンス〈Governance〉）のうち、環境問題には熱心な日本企業だが、身近な貧困問題等に代表される社会課題への関心はまだまだ薄いようだ。

日本にもホームレスサッカーの代表チーム「野武士ジャパン」がある。ボランティアで監督を務めるのは日本政策投資銀行の蛭間《ひるま》芳樹《よしき》だ。

蛭間はかつてクラブチームのユースに所属しながらも、足の怪我でプロを断念した。その後、防災、危機管理への問題意識を持つようになり、東大大学院（工学・社会基盤学）に進んで、銀行員になった異色の経歴の持ち主だ。

ホームレスサッカーの理念について蛭間は語った。

「実は、サッカーをやめること、このチームを卒業することが目的なんです。サッカーを通じて自助努力、集団行動、協調性、自分が果たす役割、責任感、自立心、仲間を持つことで、社会の構成員として復帰していく。僕らの使命は彼らの居場所づくりです」

筆者がこの活動に興味を持ち、野武士ジャパンの練習を取材した時のことだ、18歳のある青年が練習に参加していた。外見も、話をしても、ごく普通の青年だった。勤め先をリストラされたり、社会に適応できずにホームレスとなったわけでもあるまい。どういういきさつがあってホームレスをしているのか、筆者は興味を持った。

「君はどうしてここにいるの？」

「僕は社会から排除されたんです」

ますます不可解だった。私に思い浮かぶ理由は、一つだった。

「社会から排除って……。聞きにくいことだけど、犯罪をしたとかそういうことなの？」

「いえ。犯罪なんかしてませんよ」

「じゃあ、どうして……」

取材を生業《なりわい》としていると、時に予想もしない相手の答えに言葉を失う。この時もそうだった。

「僕は孤児なんです。孤児は、18歳までは、孤児院にいることができるんですが、18歳になったら出されるんです。それで仕事に就こうと探すのですが、『住所がないからダメだ』と言われ、今度は家を借りようとすると、『保証人がいない』『仕事に就いていないからダメだ』と、職と住の両方から排除されるんです。だから自動的にホームレスになるしかないんです」

児童福祉法では、保護者のいない児童、虐待にあった児童などを対象に、1〜18歳未満の幼児、少年が入所できるのが児童養護施設（孤児院から改称）だ。18歳になると施設から出なければならない。

そして非行に走ったり、犯罪をしたり、ホームレスになったり、行きずりの同棲で若年出産してしまうなど、再び貧困が繰り返されるという、目を背けてはいけない現実があるのだ。

筆者は、青年に問いかけた。

「ホームレスサッカーを卒業したとして、君の夢は何？　やりたいこととかあるの？」

その答えは、またもや筆者の予想を超えていた。

「僕の夢はですね……働いて税金を払ってみたいですね。税金を払うことすら僕には許されないんです。だから、社会から排除されたって言ったんですよ」

やり場のない不条理があった。どこかでは人手不足が声高に叫ばれ、ニュースとして取り上げられるが、別のどこかでは、こうした「税金さえ払えない」排除が見過ごされたままだ。排除を包摂し、こうした社会問題を解決していくチカラは、今の地域金融には残されていないのか。

排除という時代の終焉

以前、講演後の質疑応答で、ある銀行の行員から次の質問を受けた。

「橋本さんは『排除がある』とおっしゃいますが、私の支店にはそんなものはないと思いますよ。本当にあるのでしょうか」

筆者は少し考えて、次のように返答した。

「あなたの支店では、もしかしたら本当に排除は『ない』のかもしれない。しかし、別の支店では『ある』かもしれない。『ない』と言い切ることは、『見たくないものを見ない』という、人間として時に恐ろしい行為をしているのかもしれません。『常に排除はあるんだ』と思う、その謙虚さこそが健全だと思います」

この行員は、本書の第一章に登場した人物を排除した、まさにその銀行に自分が勤めているとは毫《ごう》も思わなかったのだろう。

10年、あるいは15年ほど前は、出産した女性が職場に復帰することに「え？」という戸惑いの空気が確かにあった。同じく、60歳に近い年配の会社員は「窓際族」と呼ばれ、「早く辞めろ」という目で見られていたように記憶している。

しかし、今やこのようなことは重大なハラスメント事案となるのは明らかだ。それは「女性、年配者が可哀想《かわいそう》だから」だろうか。違う。同情心や哀れみではない。性別、出産や年齢などで、社会がかけがえのない人材を排除していられなくなったのだ。

多様性《ダイバーシティ》は、女性や高齢者の雇用比率という「形式」を整えれば良いという問題ではない。問われているのは価値観だ。新たな価値観、新たな発想、新たなビジネスモデルを阻《はば》む排除を乗り越えなくてはならない。それが真の多様性のはずだ。

金融庁の遠藤俊英監督局長は17年11月27日、IKEUCHI ORGANICの池内代表を、三井秀範検査局長は翌28日にクラフトビールのギャレスを訪問し、金融排除された当事者たちから直接話を聞いた。持続可能性が問われる時代だからこそ、排除の論理が終わったのだ。古い金融のルールで生きてきた銀行、信金信組だけが、排除の論理を振りかざし続けることなど、許されるはずがない。多くの人々は気づき始めている。排除の夜が終わり、夜明けが近づいていると。

（文中敬称略）

あとがき

世の中で排除されてきた人々や事業者、排除の克服のために戦う人々へ本書を捧げる。

執筆は、2017年5月から始めた。執筆も終盤にさしかかった頃、信頼する一般の読者に、原稿の一部を読んでもらった。

「金融を主題としているものの、世の中や人としてのあるべき姿を問いかけることが真の主題となっている気がする」

と、まさに書き手の心中そのもの、正鵠《せいこく》を射《い》る感想をいただいた。

筆者自身、金融を題材に扱ってはいるが、「人とは一体何なのか」を書いているつもりだ。どうして排除の論理が生まれ、暴走するのか。かつての歴史において、そして今なお「分断」を考える上で、金融排除は格好のテーマだった。

読者にはぜひ、「銀行員」を自分の職業、立場に置き換えて考えてほしい。

AIは質問に対する「最適解」を出すことにおいて、多くの分野で既に人間に勝っている。将棋であれ、チェスであれ、指し手（質問）に対する最適解で答えてくる。

しかし、現実に絶望し、ＡＩにすがろうとすらしない人に、ＡＩは最適解を提供できるだろうか。質問も課題も思いつかず、ただ立ち尽くすしかない人々、事業者に寄り添い、「最適質問」を投げ掛け、課題を顕在化させ、ともに悩み、解決策をさぐることが、人間に残される最後の仕事ではないだろうか。課題解決型ではなく、顧客が質問や課題を投げ掛けてくるまで店舗で待っている「指示待ち」のビジネスモデルは、ＡＩの前で滅びゆくのだ。

米国で9割のシェアを誇った写真フィルム大手コダックは、２０００年以降に普及したデジタルカメラの登場で、２０１２年に経営破綻した。

つい十数年前にスマートフォンを手にしてから生活や消費がどう変わり、百貨店、家電量販店はどうなったか。自動車の急速な電動化と自動運転技術、そしてＡＩの進化は、10年後の暮らしをどう変えるのだろう。

今日の「当たり前」は、10年後の当たり前では決してない。金融は特別ではない。排除する金融は、遠くない将来、世の中から排除される。我々はそんな時代を生きている。

最後に、西へ東へと飛びまわる筆者の取材に理解を示し、応援してくれる家族、親族に心から感謝する。

２０１７年11月　　　橋本卓典

参考文献

『奇跡のリンゴ「絶対不可能」を覆した農家　木村秋則の記録』（石川拓治、幻冬舎文庫）
『相互銀行』（栗原喜一編著、教育社新書）
『銀行員大失業時代』（森本紀行、小学館新書）
『相互銀行の困惑』（サンケイ新聞経済部編、こう書房）
『よみがえる金融—協同組織金融機関の未来』（新田信行、ダイヤモンド社）
『ベテラン融資マンの知恵袋』（寺岡雅顕、銀行研修社）
『ベテラン融資マンの渉外術』（寺岡雅顕ほか、銀行研修社）
『投資は「きれいごと」で成功する』（新井和宏、ダイヤモンド社）
『持続可能な資本主義』（新井和宏、ディスカヴァー・トゥエンティワン）
『幸せな人は「お金」と「働く」を知っている』（新井和宏、イースト・プレス）
『足で稼ぐ「現場主義」経営—頼れるシシンヨーが真骨頂』（山本明弘、きんざい）
『広島県信用組合60年史』（広島県信用組合編、広島県信用組合）
『非営利組織の経営』（ピーター・F・ドラッカー、ダイヤモンド社）
『ソリューション営業のすすめ方』（竹内心作、銀行研修社）
『上杉鷹山の経営学』（童門冬二、PHP研究所）

『地域活性化とリレーションシップバンキング』（多胡秀人監修・共著、きんざい）
『報徳仕法史』（宮西一積、一円融合会）
『二宮翁夜話（上）（下）』（福住正兄、一円融合会）
『二宮尊徳に学ぶ経営の知恵』（大貫章、産業能率大学出版部）
『二宮尊徳の破天荒力』（松沢成文、ぎょうせい）
『教養として知っておきたい二宮尊徳』（松沢成文、ＰＨＰ新書）
『二宮金次郎に学ぶ生き方』（中桐万里子、致知出版社）
『都鄙問答』（石田梅岩、岩波文庫）
『魂の商人　石田梅岩が語ったこと』（山岡正義、サンマーク出版）
『論語と算盤』（渋沢栄一、角川ソフィア文庫）
『構想　グラミン日本』（菅正広、明石書店）
『捨てられる銀行』（橋本卓典、講談社現代新書）
２０１６事務年度金融行政方針
２０１６事務年度金融レポート
２０１７事務年度金融行政方針

著者略歴

橋本卓典《はしもとたくのり》

共同通信社経済部記者。

1975年東京都生まれ。

慶應義塾大学法学部政治学科卒業。

2006年共同通信社入社。

経済部記者として流通、証券、大手銀行、金融庁を担当。

09年から2年間、広島支局に勤務。

金融を軸足に幅広い経済ニュースを追う。

15年から二度目の金融庁担当、16年からは資産運用業界も担当し、金融を中心に取材。

著書『捨てられる銀行』『捨てられる銀行2 非産運用』(ともに講談社現代新書)はベストセラーとなる。

幻冬舎新書 486

金融排除

地銀・信金信組が口を閉ざす不都合な真実

二〇一八年一月三十日 第一刷発行

著者 橋本卓典
発行人 見城 徹
編集人 志儀保博
発行所 株式会社 幻冬舎
〒一五一―〇〇五一 東京都渋谷区千駄ヶ谷四―九―七
電話 〇三―五四一一―六二一一(編集)
〇三―五四一一―六二二二(営業)
振替 〇〇一二〇―八―七六七六四三
ブックデザイン 鈴木成一デザイン室
印刷・製本所 中央精版印刷株式会社

JASRAC 出 1800277-801

検印廃止
万一、落丁乱丁のある場合は送料小社負担でお取替致します。小社宛にお送り下さい。本書の一部あるいは全部を無断で複写複製することは、法律で認められた場合を除き、著作権の侵害となります。定価はカバーに表示してあります。
©TAKUNORI HASHIMOTO, GENTOSHA 2018
Printed in Japan ISBN978-4-344-98487-5 C0295
は-14-1
幻冬舎ホームページアドレス http://www.gentosha.co.jp/
*この本に関するご意見・ご感想をメールでお寄せいただく場合は、comment@gentosha.co.jp まで。

幻冬舎新書

岸博幸
オリンピック恐慌

好景気は続くが、東京五輪まで。五輪特有の盛り上がりが終われば経済は厳しい局面に入る。個々人は来る危機に備え、稼ぐ力を身につけたい。年金に頼らず75歳まで働くことも想定すべきだ。

苦瓜達郎
ずば抜けた結果の投資のプロだけが気づいていること
「すごい会社」の見つけ方

2017年までの6年連続で「最優秀ファンド賞」「優秀ファンド賞」を受賞し、過去1年間の運用実績が年44・3%というシニア・ファンドマネジャー。その投資法を余すところなく語り尽くす。

木原誠太郎
47都道府県格差

政府の統計から寿命、年収、子どもの学力など31項目の全国ランキングを作成。さらにこのランキングに県民性を調べたアンケート結果を照らし合わす。都道府県の格差は県民性がつくっていた!?

大村大次郎
決算書の9割は嘘である

決算書は所詮企業が自分で作った成績表。体面を気にする一流企業の決算書ほど、実は粉飾や脱税などの嘘にまみれている。元国税調査官が、決算書を通して、危ない企業の見分け方を伝授。

幻冬舎新書

大久保伸隆
バイトを大事にする飲食店は必ず繁盛する
リピーター獲得論

飲食業界が採用不況の中、なぜ「塚田農場」にだけ人が集まるのか？　錦糸町店の店長として4年連続年商2億円を達成、客のリピート率6割の奇跡を作り出した若きカリスマのマネジメント論。

齋藤和紀
シンギュラリティ・ビジネス
AI時代に勝ち残る企業と人の条件

AIは間もなく人間の知性を超え、二〇四五年、科学技術の進化の速度が無限大になる「シンギュラリティ」が到来――既存技術が瞬時に非収益化し、人も仕事を奪われる時代のビジネスチャンスを読み解く。

深沢真太郎
数学的コミュニケーション入門
「なるほど」と言わせる数字・論理・話し方

仕事の成果を上げたいなら数学的に話しなさい！　定量化、グラフ作成、プレゼンのシナリオづくりなど、「数字」と「論理」を戦略的に使った「数学的コミュニケーション」のノウハウをわかりやすく解説。

足立照嘉
サイバー犯罪入門
国もマネーも乗っ取られる衝撃の現実

世界中の貧困層や若者を中心に、ハッカーは「ノーリスク・ハイリターン」の人気職種。さらに、犯罪組織やテロリストは、サイバー犯罪を収益事業化。今、〝隙だらけの日本市場〟が狙われている！

幻冬舎新書

東浩紀　大山顕

ショッピングモールから考える

ユートピア・バックヤード・未来都市

政治や文化や宗教や階層が異なっても誰もが同質のサービスを受けられるショッピングモールは、理想の街の姿だ。ショッピングモールを出発点に、変貌する人間の欲望と社会の見取り図を描く。

出口治明

人生を面白くする

本物の教養

教養とは人生を面白くするツールであり、ビジネス社会を生き抜くための最強の武器である。読書・人との出会い・旅・語学・情報収集・思考法等々、ビジネス界きっての教養人が明かす知的生産の全方法。

中野雅至

日本資本主義の正体

いまや資本主義は、低成長とパイの奪い合い、格差拡大という三つの矛盾を抱え、完全に行き詰った。日本資本主義の特殊性を謎解きし、搾取の構造から抜け出す方法を提示する。

平林亮子

〈新版〉相続はおそろしい

2015年1月1日より相続税が大幅増税。加えて、人間の本性がむき出しになる遺産分割も避けて通れない。肝は生前の準備。会計のプロが増税のポイントと争いを生まない相続の基本を指南。